JN438672

집게의 꿈

집게의 꿈

박영득 수필집

수필과비평사

■ 책을 펴내며

우리 집 봉창에는 손바닥만 한 유리 조각이 붙어 있었습니다. 눈 내린 날 아침이면 이 유리를 통하여 하얀 세상을 보며 감탄하곤 했지요. 몸의 창이 눈目이라고 했던가요. 밝은 창을 통해 바라볼 때 세상이 환히 잘 보이겠지요.

수필을 만나고서부터 내 마음의 봉창에 작은 유리창 한 장이 붙었습니다. 이 유리창을 통하여 세상이 하나씩 보이기 시작했습니다. 밋밋했던 세상이 오색찬란한 꿈의 세상으로, 망각하고 살았던 지난날의 삶의 조각들이 생생한 기록영화의 화면으로, 희미했던 어린 시절의 꿈과 이상이 동네 어귀에 서 있는 키 큰 미루나무 모습으로, 가난했던 지난날의 삶이 결코 슬픔이 아닌 수도자가 걸었던 성스러운 순례길로, 외딴섬 고향이 물새만 우는 고도가 아닌 포근하고 아름다운 이상향이었음을 이제야 새삼스레 깨닫습니다. 어디 그뿐이겠습니까. 주위에 피어나는 들꽃이나 작은 풀벌레에서도 생명의 소중함과 창조주의 뜻깊은 의지를 느끼게 되고, 눈앞에 보이는 말 못하는 사소한 것들과도 눈 너머 눈으로 속삭이고 무언의 언어로 말을 걸어 보곤 합니다.

그러나 이것만으로 어디 멋진 글을 쓸 수 있겠습니까. 바닷가 몽돌처럼 몽실몽실하게 다듬어진, 멋진 글을 쓰기 위해서는 갈 길이 멀다는 사실도 잘 알고 있습니다. 사물에 대한 남다른 통찰력과 보편성에 기반을 둔 더 깊은 사유와 내 삶의 철학적 의미도 더해야 하겠지요. 게으르지 않고 무소의 뿔처럼 뚜벅뚜벅이 힘든 길을 가려 합니다. 미려하지는 못할지라도 사람냄새가 물씬 배어 있고 생명의 씨앗이 꿈틀거리는 글을 쓰고 싶습니다. 대기만성이라 했던가요. 늦깎이 글쟁이로서 욕심부리지 않고 더 차근차근 기본부터 다져 나가야겠지요.

글 한 편 한 편을 읽어주시고 지도해 주신 하전夏田 선생님과 항상 격려의 말씀으로 용기를 주시는 맹난자 선생님께 감사의 말씀을 올립니다. 그리고 내 곁에서 나의 글을 미리 평해 주며 용기를 북돋아 주는 아내에게도 진심으로 감사의 말씀을 드립니다.

끝으로 저의 제2 수필집이 나올 수 있도록 애써주신 《수필과 비평》사의 유인실 주간님과 서정환 회장님께도 감사의 말씀을 올립니다.

2022. 12.

梅溪 박영득

■ 차례

제2부 붉은발농게

제3부 자화상

제4부 해바라기

제5부 서어나무길

제6부 서강은 말없이 흐르고

1부

별이 빛나는 밤에

육백이

어린 시절 고향 섬마을에는 아주 특별한 돼지가 한 마리 있었다. 주둥이와 네 발 그리고 꼬리에 흰 털이 박혀 있어서 일명 육백六白이라 불리던, 외래종 버크셔 종돈種豚이었다. 그때 고향에서는 돼지를 기르거나 새끼를 쳐 장에 내다 팔아야 목돈을 만질 수 있기 때문에 집집마다 암퇘지 한두 마리는 기본으로 길렀다. 그렇게 따지고 보면 여섯 마을이 있던 고향에는 암퇘지만 어림잡아도 삼사백 마리는 족히 넘었을 것이다. 이런 암퇘지들이 새끼를 갖기 위해서는 섬 안에서 유아독존唯我獨尊 격인 육백이의 도움이 절실히 필요했다.

육백이는 풍채부터 남달랐다. 떡 벌어진 앞가슴과 튼튼한 뒷다리, 균형 잡힌 몸매, 그리고 윤기 자르르 흐르는 털과 꿀꿀대는 굵직한 목청부터가 흔히 볼 수 있는 돼지의 모습이 아니었다. 토종 암퇘지들에 비해 몸집이 두 배 정도는 좋이 커 보였고 주둥이도 길고 단단해 불도저처럼 땅도 쉽게 뒤집을 수도 있었다. 범강장달이마냥 누구도 넘보지 못할 당당한 체구를 지닌 상머슴 같은 모습이었다.

훈훈한 봄바람에 청보리가 가득한 들판이 출렁이고 종다리가 창공에서 자지러지게 지저귈 때면 육백이도 덩달아 바빠졌다. 이때가 되면 발정난 암퇘지들이 많아져 하루에도 겹치기 장가를 들어야 했기 때문이었다. 이런 날이면 아침부터 바삐 집을 나서야 하지만 아무리 바빠도 육백이는 의젓한 양반걸음 자세를 잃지 않았다. 주인이 휘두르는 시누대 회초리에 속도가 조절되기는 했지만도 그렇다고 걸음걸이의 무게조차 가벼워지는 것은 아니었다. 발걸음을 내디딜 때마다 뒤 엉덩이 사이에 함박만 한 돼지 불주머니 속에 보란 듯이 도드라져 보이는 두 쪽 불알이 씰룩쌜룩 길을 걷는 육백이의 육중한 무게 중심을 잡아주었다. 늠름한 그 추가 있어서 육백이의 위상이 더 높아 보였을 것이다. 아니 그것이 육백이의 자존심이었을지도 모를 일이다.

육백이는 뒤따르는 주인의 회초리에 따라 길을 걸어갔다. 오른쪽 엉덩이를 맞으면 왼쪽으로, 왼쪽 엉덩이를 맞으면 오른쪽으로 머리를 돌려 장가들 암퇘지의 집을 찾아가는 것이었다. 목적지도 모르면서 그저 회초리에 따라 가는 것이 신기할 뿐이었다.

육백이는 집을 나서면서 무슨 생각을 하며 걸어갔을까. '오늘 상대할 파트너는 누구일까, 어떻게 생겼을까, 늘씬하고 섹시할까,

아니면 오동포동하고 앙증맞을까, 마음씨는 고울지도 몰라.' 맞선도 보지 않고 부모들이 정해준 처녀에게 장가드는 노총각처럼 입가에 환한 미소를 지으며 걸어갔을지도 모를 일이다. 이런저런 생각에 길을 잘못 들기라도 하면 에누리 없이 휘갈기는 주인의 회초리에 번쩍 정신줄을 다잡아 잘못 가던 길을 다시 똑바로 걸어갔을 것이다.

발정난 암퇘지가 기다리고 있는 집 마당은 신랑을 맞이하기 위해 준비한 초례청마냥 잔칫집 분위기다. 육백이가 사립문을 들어서는 순간 아낙네들은 낯부끄러워 부엌이나 광으로 숨어들고, 동네 꼬마들과 남정네들은 마당에 빙 둘러서서 환호하며 맞이한다. 마당에 미리 나와 있던 암퇘지도 육백이를 보자마자 반색하고 꿀꿀거리며 마중을 나선다. 마당 한가운데서 주둥이를 마주대며 비벼대다가 상대의 뒤를 향해 코를 벌름거리며 빙글빙글 몇 바퀴 도는가 싶더니 서로 호감이 가는 듯 꿀꿀거리며 입가에 하얀 거품을 물고 입맞춤을 한다. 순간 육백이가 번개처럼 암퇘지의 등 위로 올라탄다.

그러나 때로는 사전 교감이 없이 저돌적으로 달려드는 육백이에게 겁을 먹고 줄행랑을 치는 암퇘지도 있었다. 이건 수퇘지를 처음 맞이하는 경험 미숙에서 오는 해프닝이었을 것이다. 이럴 때면 남정네들이 암퇘지를 잡아 포박하고 강제로 육백이로 하여금 장가들도록 거들어 주기도 했었다. 꽥, 소리를 지르는 암퇘지의 목청이 담장을 넘어 오월의 파란 보리가 출렁이는 들판을 지나 파란 창공을 가르며 멀리멀리 퍼져 나갔다. 그 소리는 암퇘지가 느끼는 고통의 비명인지 아니면 처음 느껴보는 환희의 엑스터시인지는 아무도 알 수 없는 일이었다.

혼례를 무사히 치른 육백이는 융숭한 대접을 받았고, 돼지 주인은 새끼돼지 한 마리 값을 수고비로 받아 들고 시누대 회초리를 휘두르며 육백이를 몰고 왔던 길을 터벅터벅 되돌아가곤 했다.

그해 초가을, 섬마을 이집 저집에서 태어난 새끼 돼지들은 하나같이 주둥이, 네 발목 그리고 꼬리에 흰 털이 박힌 육백이들이었다.

이런 정겹던 시골 풍경은 이젠 다시는 볼 수 없을지도 모른다. 인공수정이라는 효율적인 방법을 통해 수정사들이 수퇘지 대신 암퇘지의 수정을 도와주는 세상이 되었기 때문이다. 소나 돼지 같은 가축뿐만 아니라 사람도 마찬가지다.

요즘 톡톡 튀는 연기와 서툴지만 귀엽게 우리말을 구사해 한국인들로부터 사랑을 듬뿍 받는 일본 출신 방송인 사유리가 처녀의 몸으로 인공수정을 통해 임신하고 아들까지 출산했다는 소식이 전파를 탔다. 이젠 처녀가 애를 낳아도 당당하게 할말이 있는 세상이 되었다. 그리스 신화에 나오는 아마조네스 제국의 여전사들도 배란기에 맞춰 남자를 찾아 인근 부족 마을로 갈 필요가 없는 세상이 된 것이다.

남편으로서, 아비로서, 아니 육백이 같은 수컷으로서 당당했던 남성성의 시대가 사라져 가고 있는 것은 아닐까. 생명 탄생에 필수적이던 남성이 이제는 충분조건은 될지언정 필요충분조건은 아닌 세상이 된 듯해 씁쓸한 기분이 든다. 그 옛날 고향 종돈 육백이의 당당한 걸음걸이가 몹시 그리워지는 시대다.

골목길

골목길처럼 깊은 향수를 불러일으키는 길도 없을 것이다. 정과 정이 흐르고 마음과 마음이 통하는 길, 사람들을 끈끈하게 이어주는 핏줄 같은 길이니 그 길이야말로 세상에서 가장 정겨운 길이지 싶다.

나의 8대조 할아버지 형제분은 작은 풍선風船을 타고 낯설고 물선 매미섬, 선도蟬島에 입도하였다. 섬을 둘러본 후 대덕산 비탈 돋을 양지에 정착하고 동네 이름을 매계梅溪라 하였다. 매계란 두 분이 태어난 해남 화원반도 끝자락에 있는 작은 어촌마을 이름이다. 아마도 고향을 떠나와 향수를 달래려 그리 동네 이름을 지었을지도 모르겠다. 동네 한가운데 있는 바위등을 중심으로 마을 터를 잡았고, 그 후 후손들이 번성하면서 동네는 점점 커져 사방으로 골목길이 형성되었을 것이다. 우데미, 아리데미, 동쪽, 새미건너, 새난골, 방죽골 등 듣기만 해도 정겨운 골목 이름들이다. 한때는 60여 호의 초가집들이 넝쿨에 올망졸망 열린 조롱개처럼 골목을 따라 다닥다닥 붙어있는 아기자기한 정겨운 마을이었다.

나는 걸음을 걷기 시작하면서부터 꼬막 같은 검정 고무신을 신고 골목길을 나서곤 했다. 엄마를 찾아가다 나비를 만나면 나비와 놀고, 개미들이 줄지어 지나가면 개미들과 장난도 치고, 잠자리를 보면 잠자리를 잡겠다고 한동안 해찰 부리다 그만 엄마 찾는 일도 잊어버릴 때도 있었다. 아마도 골목길로 놀러 온 곤충들과 유희삼매遊戱三昧에 푹 빠졌던 모양이다.

마땅한 놀이터가 없던 시절, 동네 아이들에게 골목길은 최고의 놀이터였다. 굴렁쇠를 굴리며 내달렸고, 새끼줄을 묶어 동무들과 함께 기차놀이도 했다. 동네 골목길을 빙빙 하루 내내 돌아도 그 힘이 어디서 나는지 지칠 줄도 몰랐다. 바위 등에서 사방으로 뻗어있는 골목길로 동무들이 모두 숨으면 혼자 남은 술래는 이 골목 저 골목 숨을 몰아쉬며 동무들을 찾아 뛰어다녔지만, 꼭꼭 숨은 동무들은 쉬 찾지 못했다. 해 지는 줄도 모르고 신나게 놀다가도 저녁연기가 골목길에 내려앉고 저녁밥이 익어가는 밥 냄새가 담장 너머로 퍼져 갈 때쯤 "밥 먹어라!" 하는 엄마의 목소리가 들려오면 누가 먼저랄 것도 없이 각자의 집으로 내달렸다.

동네 골목길은 아이들의 놀이터만은 아니었다. 봄이면 머리에 각기 다른 물감으로 물들인 병아리들이 골목길을 쏘다니다가 해가 지면 각각 제집을 찾아 종종걸음으로 달려갔다. 앞집 황구 복돌이와 옆집 백구 복순이는 아침부터 골목길에서 데이트를 하다가 눈길이 뜸한 골목길에서 눈치를 슬슬 살피며 몰래 사랑을 나누었다. 이를 본 동네 개구쟁이들이 양동이에 물을 퍼와 냅다 퍼부으면 깜짝 놀라 떨어져 뒤돌아보며 아쉬운 표정을 하고 도망을 쳤다. 여물을 먹어 배가 안산처럼 부른 밭갈이 가는 황소가 뒤뚱뒤뚱 걸음으로 힘을 과시라도 하듯 고개를 들어 "음무∽∽!" 하고 크게 소리 한번 지른 후 꼬리를 들어 몇 무더기 소똥을 철버덕하게 싸지르는 곳도 골목길이었다. 질퍽한 골목길은 김이 모락모락 올라오는 소똥 냄새로 그득했다.

보리타작하던 유월 어느 날이었다. 엄마가 큰집에 가서 숟가락과 젓가락을 빌려오라고 심부름을 시켰다. 부엌 항아리에 가득 걸러놓은 막걸리를 한 바가지 마시고 걸막을 나섰다. 돌담 골목길을 따라 한참 후 큰집에 도착해 숟가락과 젓가락을 챙겨 막 나서려는데 기분이 이상해졌다. 하늘이 빙빙 돌고 편평하던 길이 울퉁불퉁, 골목길이 파도처럼 출렁거리고 다리는 맥이 풀려 흐느적거렸다. 그만 흐물거리는 낙지처럼 골목길 바닥에 납작 엎드렸다. 생전 처음 마셔본 막걸리에 된통 당했다. 엄마는 밥때가 다 되도록 심부름 간 아들이 함흥차사라 누나를 다시 큰집에 보냈던 모양이다. 골목길에 축 늘어져 있는 나를 보고 누나가 깜짝 놀라 부축하고 집으로 돌아왔다. 그 뒤로 보리타작은 어찌되었는지 난 모른다.

정월 대보름날 아침이면 어김없이 우리 집 걸막에서는 "형님!" 하고 크게 아버지를 부르는 소리가 들려왔다. 그러면 "어의! 누군가?"라고 하는 어버지 대답에 "형님, 내 더위!" 하고 크게 웃으며 더위를 팔던 바위등에 사는 당숙의 모습이 눈에 선하다. 발동기를 돌려 방아를 찧던 분이었다. 항상 웃으며 밝았던 당숙도 졸복을 구워 먹은 것이 화근이 되어 저세상으로 일찍 가셨다. 또 궂은 날이면 술 취한 또 다른 동네 당숙이 바위등에서 "나와! 다 죽여 버릴 거야! 나오라고!" 고래고래 소리를 질렀다. 나이 지긋한 어르신이 나가면서 "나왔다! 어쩔 거냐."라고 하면 "형님은 말고!"라며 겁먹은 강아지처럼 꼬리를 내리고 집으로 돌아가곤 했다.

우리 증조할아버지는 교육열이 매우 높았던 분이었지 싶다. 조부에게 네 살 때부터 서당 공부를 시켰는데, 공부가 끝나면 날마다 어린 아들을 등에 업고 집으로 돌아오곤 했다. 어느 비 오는 날 밤, 장죽을 입에 문 채 아들을 등에 업고 우데미 골목길을 더듬더듬 올라오다가 돌부리에 걸려 넘어지는 사고가 났다. 그 장죽이 그만 증조할아버지 목구멍을 깊이 찔렀던 모양이다. 그 후 유증으로 앓다가 저세상으로 일찍 가셨다고 한다. 어린 아들이 공부를 다 하기도 전에 가셨으니 눈이나 감고 가셨을까. 그 후로 조부님은 더욱 학문을 열심히 갈고닦아 운계장雲溪丈이란 호를 가진 서당 훈장으로 인근의 영재들을 모아 평생 후학들을 가르치셨다. 내가 교직의 길을 간 것도 우연은 아닌가 보다. 조상들의 뜨거운 교육열이 나에게까지 흘러 내려오지 않았을까 싶다.

세상에는 여러 길이 있다. 그 형태나 목적이나 장소에 따라 이름도 다 다르다. 그러나 가장 정감 있게 다가오는 길은 역시 골목길이다. 엄마의 태반만치나 포근한 길, 세상으로 첫 발길을 내딛게 하는 호기심 가득한 길, 동무들과 뛰놀고 또 싸우기도 하고, 정겨운 웃음과 악다구니 소리가 함께 들려오던 길이다. 우리 할머니가 꽃상여를 타고 가던 슬픈 길이기도 하다.

콘크리트 회색빛 도회에서 각박한 삶에 찌들리고 외로워질 때면 고향의 그 골목길이 그리워진다. 골목길에서 들려오던 환한 웃음소리와 술 취해 지르던 그 목소리들, 길바닥에서 스멀스멀 올라오던 소똥 냄새가 지금은 아련한 향수鄕愁가 되어 뭉실뭉실 피어오른다.

개만도 못한 어미

목포를 갈 때면 가끔 야간 완행열차를 탄다. 완행 열차를 타던 옛 추억에 대한 아련한 그리움 때문이다. 이 열차를 타면 젊은 시절, 모처럼 서울 나들이를 했던 기억들이 주마등처럼 스쳐 지나간다. 빨라야 여섯 시간 늦으면 일곱 시간도 더 걸리던 기차여행이었다. 그렇지만 그렇게 지루하다고는 느껴보지 못했다. 홍익회 점원에게서 심심풀이 오징어 한 마리와 땅콩 한 봉지를 사면 지루한 기차여행도 심심치 않았다. 낯모른 사람끼리도 좌석을 돌려 마주앉아 투박한 전라도 사투리로 정담을 나누다 보면 어느덧 목적지 목포역에 도착하는 것이었다.

오늘도 목포행 야간열차에 몸을 실었다. 사람들이 군데군데 자리를 잡고 앉아 있어 객실이 좀 썰렁하다. 우연히 앞좌석에 자리 잡은 두 할머니의 이야기 속으로 나도 모르게 끌려 들어갔다. 전라도 사투리에 정든 고향 냄새가 물씬 풍긴다.

"지 이야기 한번 들어 보실라요?"

두 할머니도 열차에서 우연히 만난 사람들 같았다.

"우리 동네에 아들 공부 많이 시켜 서울에 취직시키고 장가를 보낸 부모가 있었드라요. 남편이 먼저 죽고 홀로 남은 어미가 있었는디 서울 사는 아들이 어미가 나이도 들고 늙었은께로 시골 살림을 정리해서 서울로 올라와서 같이 살자고 졸랐다 안하요."

"요새 젊은것들은 부모 보기를 뭣처럼 아는디 그 집 아들은 효자였던갑네요."

"글씨 말이요. 그래서 시골에 살던 어미가 아들이 효도헐라고 서울에서 같이 살자고 하는 줄 알고 재산을 몽땅 판 돈 8천만 원을 들고 아들 집으로 올라왔당께요."

"아이고, 많기도 해라. 그래서 어쨌대요?"

"그 돈 8천만 원을 몽땅 아들 매느리 손에 쥐어줘버렸지라이."

"아이구, 미쳤네. 어째야 쓰까이."

옆에 앉아 있는 할머니는 재산을 판 큰돈을 아들 며느리에게 몽땅 넘겨준 사실에 놀래 추임새를 넣어가며 할머니 말에 맞장구를 친다.

"첨에는 아들과 며느리가 날마다 아침이면 문안 인사, 저녁때 퇴근해서도 문안 인사드리며 효도를 극진히 했드라요. 그런디 한 1년이 지났을까 날마다 하던 인사 햇수가 줄어들고 세월이 더 지난께로 아예 인사도 않고 어미 대하는 태도가 남 대하듯이 냉랭

해지고 먹을 것, 입을 것도 신경을 쓰지 않았당께요."

"저런 몹쓸 것들. 쯔쯔쯔."

곁에서 말을 듣고 있던 할머니가 혀를 차며 마치 자기가 당한 일처럼 버럭 역정을 낸다.

"그런디 변함없이 아침에 출근할 때도 개집에는 들러 개 이름을 불러쌈서 인사를 하고, 퇴근할 때도 개집에 들러 먹을 것을 사와 던져 주면서 개한테 인사를 했지라이."

"얼씨구, 즈그 어미가 개만도 못 하네이."

라고 또 맞장구를 친다.

"이런 아들과 매느리의 행실이 참말로 괘씸해서 하루는 아들이 퇴근하는 시간이 된께, 개집에서 개를 풀어 집 뒤에다 묶어놓고 자기가 개집에 들어가 앉았지라이. 한참을 기다린께 아들이 퇴근해서 대문을 열고 집 안으로 들어오더니 예전처럼 개집 앞에서 개를 불렀는디 아무 대답이 없자 수상히 여겨 머리를 개집 안으로 쑥 들이밀었당께요. 개 대신 어미가 두 눈을 부릅뜨고 쳐다보고 있는 것이 아니겄소."

"아이구, 깜짝이야. 얼마나 놀랬을까이."

자신이 놀란 듯 몸을 움츠리며 목청을 높였다.

"그래서 아들이 기겁을 하고 웬일로 엄니가 여기에 앉아 있냐고 물은께, 느그들이 살림 팔아 나더러 서울로 올라오라고 해놓고 내 재산 몽땅 준께 1년은 억지 춘향으로 잘하드만 이제는 날

보는 척 마는 척하고 아예 느그 개만도 못하게 취급하니 그래서 내가 개집 안으로 들어온 것이여. 어쩔 것이냐. 내 돈 당장 내놓아라. 그 돈에서 단돈 1원만 부족해도 난 이 개집에서 안 나올 것이여. 너희들 알아서 해라이. 이렇게 아들에게 으름장을 놓았지라이."

"그래서요?"

"이렇게 어미가 강하게 데모를 한께로 다음 날 돈을 어디서 구했는지 8천만 원을 한푼도 안 빼고 몽땅 가져왔었드라요. 그래서 그 돈을 들고 당장 고향으로 내려와서 지금은 혼자 잘살고 있지라이."

"다행이구만요. 내 속이 다 후련하네."

"절대로 자식하고 함께 살아서는 안 될 일이여. 자식도 품안에 자식이 내 자식이제 커서 장개가고 지 새끼 낳고 마누라 있으면 내 자식이 아니랑께. 남 이제 남이여. 절대 같이 살면 안 되제. 암 안 되고말고."

할머니는 노후에 어떻게 살아가야 하는 방법까지 명백하게 제시하는 것이었다.

두 할머니의 대화를 들으니 나도 불현듯 부모님 생각이 났다. 사실은 젊은 시절 교사의 박봉으로 자식 다섯에 부모님들까지 모두 아홉 식구가 작은 아파트에서 함께 살았으니 우리 부모님들이 얼마나 불편하고 답답했을지, 혹여 불효는 하지 않았을지 나

자신을 되돌아보았다.

한 할머니는 장성역에서 내렸고 또 다른 할머니는 송정리역에서 내렸다. 할머니들의 뒷모습에서 평생을 자식 앞날만 생각하며 힘들게 살다 가신 부모님의 모습이 떠올랐다. 목포역에 도착할 때까지 두 할머니께서 나누던 대화가 지워지지 않았다.

고구마 갈무리

상강霜降이다. 산야는 단풍으로 짙게 물들고 산국도 활짝 피어 늦가을 정취가 깊어 가는데, 개울 돌 사이로 흐르는 물소리에 마음부터 시리다. 농부들은 가을걷이에 바쁘고, 다람쥐도 알밤을 숨기느라 정신이 없다. 나도 고구마 갈무리를 위해 아내와 함께 시장에서 산 고구마 박스를 카트로 끌고 집으로 오는 길이다. 부자라도 된 듯 마음이 한껏 뿌듯하다.

고구마처럼 친근한 먹을거리가 또 어디 있을까. 어렸을 때 가을이면 점심 메뉴는 으레 찐 고구마였다. 그도 부족했던지 다음날 새벽이면 잠에서 깨어나자마자 눈을 비비며 전날 먹고 남은 고구마 생각에 생쥐처럼 뒤뜰 장독대로 살금살금 기어가 밤새 내린 서리에 한결 차가워진 고구마를 남몰래 먹곤 했다. 말랑말랑한 호박고구마 맛은 꿀맛이었다. 등교하는 날이면 으레 노란 알루미늄 도시락에 들어있던 찐 고구마 서너 개, 도시락 뚜껑을 여는 순간 반가운 모습으로 눈앞에 펼쳐졌다. 검붉은 껍질에 금이 쩍쩍 벌어져 속살이 뽀얗게 드러난 찐 고구마는 달콤하면서도 포근포근하여 삶은 밤 맛에 비할 바가 아니었다. 고구마로 점심을 먹고 수돗가로 달려가 수도꼭지에 입을 대고 물을 실컷 마시고 나서 고개를 들어 하늘을 쳐다보며 큰 소리로 트림을 한 번 하고 나면 답답했던 가슴이 쑥 내려가면서 느껴지는 느긋한 포만감에 한없는 행복감이 밀려왔었다. 하지만 운동장에서 한참을 뛰고 나면 언제 점심을 먹었냐 싶게 또다시 배는 고파왔다.

고구마는 향수를 불러일으키는 먹거리다. 눈 내리는 날 화롯불에 구워 먹던 군고구마, 가마솥에 지은 부드럽고 달콤한 고구마밥, 말린 고구마 쪽으로 쑨 빼때기죽과 토실토실한 동부를 넣고 삶아낸 빼때기범벅도 별미였다. 고구마 가루를 반죽하여 밥 지을 때 함께 쪄 낸 엄마 손자국이 선명했던 고구마개떡, 텁텁하고 달짝지근한 고구마막걸리와 진득진득하고 달콤한 고구마엿이야말로 지금도 어린 시절의 추억과 함께 잊을 수 없는 짙은 향수를 불러일으킨다.

고구마의 변신은 무죄인가 보다. 용도의 지평이 끝없이 넓어져 가고 있다. 낯설고 물선 이국땅에 들어와 적응하기 위해 얼마나 치열하게 살았을지. 한때는 사람들이 고구마를 소 닭 쳐다보듯 하던 때도 있었다. 서양식 먹거리인 햄버거나 피자 맛에 홀려 고구마의 진가를 잊고 지냈던 시절이다. 그러나 요즘 고구마가 다시 주목받고 있다. 다이어트와 항암, 그리고 변비에 좋은 식품이라는 말에 고구마가 재평가받기 시작한 것이다. 커피와 어우러진 고구마라떼, 빵집에서 인기 있는 고구마빵, 기름에 튀겨낸 고소한 고구마튀김, 깍두기 모양으로 썰어 튀겨낸 다음 물엿에 버무린 고구마맛탕 등 고구마의 변신은 그 끝이 보이지 않는다. 이젠 이방인의 모습이 아닌 순수한 토종으로 변신한 고구마를 보면서 이 땅에 살아가고 있는 모든 생명들이 남남이 아니라 하나인 것을 새삼 깨닫게 된다. 어디서 건너왔던지 이 땅에서 살아가면 모두가 신토불이다.

나만 고구마를 좋아했던 것은 아니다. 셋째 동생은 나보다 더 고구마를 좋아했다. 어려서부터 병약해 봄부터 여름이 지나고 나면 얼굴과 몸이 까칠해져 바람에 날아갈 듯 야위었다가도 초가을부터 고구마를 먹기 시작하면 언제 그랬느냐는 듯이 두 볼이 포동포동해지고 삐쩍 말랐던 몸도 토실토실 살이 올랐다. 엄마는 그것을 '고구마 살'이라고 했다. 사람뿐만이 아니라 집에 기르던 소, 돼지 등 가축들도 까칠했던 몰골이 고구마 철이 되면 어느새 능이 넓적해지며 털에 윤기가 자르르 흐르기 시작했다.

이런 고구마인데, 우리 가족에게는 고구마와 관련된 황당한 사연이 하나 있었다. 우리는 밭이 많아 주로 고구마 농사를 지었는데, 이것은 단지 식량이나 간식거리가 아닌 환금성換金性 때문이었다. 고구마에서 추출한 주정酒精이 소주의 주원료였기에 말린 고구마를 양조회사가 사들이던 시절이었다. 농장에서 마을까지 농로가 닦여 있지 않아 말린 고구마 쪽을 판매장으로 옮길 때 배를 이용하는 것이 가장 손쉬운 방법이라고 판단했었다. 그래서 말린 고구마 쪽 사백여 가마니를 배에 가득 싣고 판매장까지는 무사히 도착했으나 썰물 때 하역을 하지 않고 그대로 놓아둔 것이 화근이었다. 배를 떠받치던 바닷물이 빠져나가자 배 바닥이 갯벌에 닿아 짐의 무게를 견디지 못하고 그만 금이 가고 말았다. 밀물이 밀려오자 배는 뜨지 못하고 바닷물에 그대로 침수되어 말린 고구마 쪽을 몽땅 바닷물에 빠뜨리고 말았다. 속수무책으로 발만 동동 구를 수밖에 없었다. "달걀은 한 바구니에 담지 않는다."는 서양 속담을 몰랐던 때였다.

고구마를 갈무리하면서 문득 부모님 생각이 났다. 가을이면 수수깡으로 엮은 두대를 안방 윗목에 둘러치고 천장에 닿을 때까지 그 안에 고구마를 가득 채워 갈무리하시며 한겨울 자식들 배불리 먹일 생각에 흐뭇해했을 부모님의 그 지극한 사랑이 마치 고구마를 통해 고스란히 전해 오는 듯하여 가슴이 뭉클해진다.

어려서는 고구마가 고픈 배를 채워 주었고, 젊어서는 한겨울 포장마차 군고구마로 아름다운 추억을 만들어 주었고, 지금은 일상의 간식거리로 자리 매김하고 있으니 평생 고구마는 나와 가까운 삶의 동반자나 다름없다. 평생을 먹어도 물리지 않고 달콤하고 순한 그 심성 때문에 만인의 사랑을 받는 것은 아닐까. 너무

달지도 않고 지나치게 자극적이지도 않은 중용의 맛인 고구마, 모든 사람의 입맛을 아우르고 달랠 수 있는 창조주가 주신 기적의 양식이 아닐까 한다.

나는 고구마 같은 사람이 되고 싶다. 굶주린 영혼을 채워줄 수 있고 아픈 마음을 달래줄 수 있는 따뜻한 글쟁이가 되고 싶다. 올겨울에도 고구마와 함께 고구마 같은 글 몇 편을 써보리라.

매미의 절규

이른 아침부터 유난히 높은 음역대로 매미들이 울어댄다. 귀청이 먹먹하다. 매미는 무슨 사연이 있어 저렇게 온몸으로 울어대는 것일까. 매미 울음소리가 절규에 가깝다.

매미가 처절하게 울어대는 것은 짝을 부르는 마지막 몸부림이라고 한다지만 나에게는 그렇게 들리지 않는다. 한 맺힌 영혼들이 절절하고 애타게 부르짖는 하소연이지 싶다. 매미섬蟬島에서 태어나 울음 한번 제대로 울어보지 못하고 이념전쟁의 소용돌이 속으로 스러져 간 매미섬 후예들의 혼령이 한 맺혀 울어대는 소리로 들린다.

나의 본가本家와 외가外家 그리고 처가妻家 삼족은 모두 매미섬에 모여 살았다. 이 섬에도 이념 대립으로 발발한 한국전쟁의 거대한 쓰나미가 여지없이 밀려와 평화롭게 살던 우리 친족들을 슬픔의 소용돌이 속으로 휩쓸어 몰아넣고 말았다.

본가에서는 삼촌 두 분이 희생양이 되었다. 한 분은 경찰에 끌려간 후 영영 불귀객이 되었고 또 막내 삼촌은 난세를 피해 집을 나선 후 다시는 집으로 돌아오지 못했다. 보도연맹사건으로 목포경찰서에 끌려간 삼촌은 재판 한번 받아보지 못하고 억울하게 처형되어 이슬로 사라졌다. 할머니께서 아들 시신이라도 수습하러 목포경찰서를 찾아갔지만 아들의 흔적은 찾을 길이 없었다. 졸창간卒倉間에 두 아들을 잃어버린 할머니의 마음이 오죽 아팠을까. 할머니는 실성한 사람처럼 말없이 항상 먼 하늘을 바라보며 긴 한숨으로 평생을 사셨다. 밭일을 하거나 집안일을 할 때도 할머니는 슬픈 가락을 늘 흥얼거렸다. 그건 노래가 아니었다. 가슴에서 매 순간마다 뭉텅뭉텅 솟아오르는 피맺힌 한숨이었을 것이다.

두 삼촌을 잃어버린 충격으로 어머니의 생활에도 변화가 왔다. 어머니의 옷차림이 평생 흰옷으로 바뀐 것이다. 어머니가 소복을 한 것은 두 시동생을 잃어버린 슬픔에 겨워 이들이 못다 한 삶에 대한 위로와 영혼을 위한 기도를 드리는 마음에서였을 것이다. 동구 밖에 피어나는 찔레꽃처럼, 후미진 언덕배기에 피어나는 억새꽃처럼 어머니는 언제나 흰옷을 입으셨다. 어린 시절 매월 초하룻날 새벽이면 소복을 한 어머니께서는 큰방 윗목에 차려진 정화수 한 사발과 촛불이 켜진 희미한 상 앞에서 여명이 밝아올 때까지 두 손을 빌며 정성으로 기도드렸다. 어머니가 하얀 머리에 흰옷을 입은 천사 같은 원형原型으로 나의 가슴에 자리 잡던 시절이었다.

외가에도 슬픔은 그냥 지나가지 않았다. 작은외삼촌이 인민군에 붙들려 끌려간 것이다. 공부하러 서울에 사는 둘째 누나 집에 올라갔던 외삼촌이 하굣길에 인민군에게 붙잡혀 꼼짝 못하고 끌려갔다. 헐렁한 인민군 복장에 땅에 질질 끌리는 총대를 메고 어미를 떠나 끌려가는 송아지처럼 가기 싫어 번댄 걸음으로 울며 끌려갔다고 했다. 누나를 향해 손을 흔들며 시야에서 가뭇하게 사라져 간 동생의 뒷모습을 보며 목매어 통곡했다는 이모의 말을 들을 때면 온 식구들도 가슴 아파 눈물을 흘리곤 했다. 그 후로 이모는 친정 조카들이 서울에 올라오는 것을 극구 만류했다. 그래서 우리 형제들은 아무도 서울에 올라가 살지 못하고 고향 토박이로 살게 되었는지도 모른다. 청상과부로 한평생을 살아왔던 외할머니의 가슴은 타다 만 숯덩이처럼 까맣게 탔을 것이다. 큰외삼촌은 최근까지도 인민군에 끌려간 동생이 북한에 살아있으리라고 믿고 있었다. 그래서 이산가족을 찾는다는 방송이 나올 때마다 맨 앞장서서 이산가족 상봉 신청을 했지만 작은외삼촌의 소식은 감감무소식이었다. 한평생 동생을 기다리다 외삼촌은 몇 해 전, 저세상으로 먼저 가셨다. 동생이 보고 싶어 어찌 눈을 감고 가셨을까.

며칠 전, 안양에 사시는 처고모님께서 집에 오셨다. 저녁을 먹고 이런저런 이야기 끝에 처갓집 이야기가 나왔다. 처삼촌 두 분도 한국전쟁 중 희생을 당했다는 슬픈 가족사였다. 아들 넷에 딸 하나 오남매 중 둘째 오빠와 막내 오빠가 전쟁의 희생자가 된 것이었다. 둘째 오빠는 국군 상사로 여순반란사건 현장에서 빨치산 토벌 작전 중 포로가 되어 숱한 고문과 구타를 당하다 경계가 느슨한 틈을 타 탈출했지만, 이번에는 국군 헌병에 잡혀 탈영병으로 오해를 받아 국군형무소에서 수감생활 중 구타와 고문으로 정신이 나갔다고 했다. 혼자 집을 찾아올 수 없어 마치 우편물처럼 누군가가 등에 써 붙여준 주소로 집에까지 올 수 있었다. 그 이후로 온전한 정신은 돌아오지 않았다. 가끔 둘째 처삼촌은 대덕산 꼭대기에 올라가서 소리 소리를 지르곤 했다. "동필이 나와~~." "공산주의자 빨갱이 새끼 동필이 나와 ~~." 고래고래 소리지르면 온 섬이 쩌렁쩌렁 울렸다. 고향 인민군 지역대장이었던 동필 씨가 빨치산 빨갱이로 보여 적개심이 솟아올라서 그랬을 것이다. 대덕산 자락 아랫동네에 살았던 나는 처삼촌이 지르는 소리를 들으며 자랐다. 그 소리를 들을 때마다 동네 사람들은 "또 날이 궂을 모양이나."라고 했다. 틀림없이 다음날은 비가 왔었다. 빨치산들과 헌병에게 당한 혹독한 고문 후유증으로 평생 그렇게 살다가 한 생을 마감하셨다.

또 목포경찰서에서 사환으로 잔심부름을 하며 목포문태중학교를 다녔던 막내 처삼촌은 장래가 촉망되던 오빠라고 했다. 전쟁이 터지고 인민군이 밀려오자 고향 집에 들렀다가 함께 있으면 모두 변을 당한다며 밀짚모자를 눌러쓰고 안전한 곳을 찾아 동료들과 함께 간다는 한마디를 남기고 집을 떠난 후 다시는 돌아오지 않았다. 축축하게 젖은 목소리로 자분자분 이야기를 하는 처고모님의 두 눈에도 눈물이 그렁그렁했다.

요즘 민족의 최대 비극인 제주 4·3 사건이나, 여순반란사건 그리고 보도연맹사건들의 진상이 하나하나 밝혀져 가고 있다. 그러나 매미섬에서 발생한 사건들은 누구도 밝히려 나서지 않는다. 연좌제의 망령이 아직도 사라지지 않고 매미섬 주위를 음습하게 맴돌고 있는 것일까. 이제는 억울하게 희생된 이들을 위한 진상규명이 하루속히 밝혀져야 할 때가 되지 않았나 싶다.

오늘도 목메어 울어대는 저 매미 소리는 피어보지도 못하고 스러져간 뭇 영혼들의 한 맺힌 울음소리지 싶어 가슴이 먹먹해져 온다. 이들을 위한 진상 규명이 이루어지는 날 매미의 울음소리가 진정한 매미의 울음소리로 들릴 것이다. 지금도 창밖에는 매미가 지칠 줄 모르고 소리 높여 울고 있다. 맴 맴 맴…….

별이 빛나는 밤에

밤하늘에 별이 반짝인다. 텅 빈 마음으로 한참을 바라보니 하늘은 온통 은가루를 흩뿌려 놓았다. 나의 침실로 찾아온 밤하늘의 별들, 별이 마음에 박힌 후 그리움을 멈출 수 없어 멀리 길을 떠나왔다던 어느 시인의 고백처럼 밤하늘의 별들은 그리움인가 보다.

나는 질풍노도疾風怒濤의 시기를 가난에 억눌려 살았다. 작은 섬마을 빈농에서 태어나 도시 중학교로 진학한 후 예고 없이 밀어닥친 3년간의 기근으로 우리 가족은 혹독한 시련을 겪어야만 했다. 함께 공부하던 동생도 학업을 중단하였고, 설상가상으로 자식들 학자금으로 빌린 돈의 이자가 여름날의 들풀처럼 자라나 갚을 길이 막막해지자 농토를 빚 대신 내주었고, 집에서 기르던 소까지 끌려가고 말았다. 기근의 후유증은 내가 고등학교를 진학해서도 내 뒤를 유령처럼 따라다녔다. 고등학교 2학년 때부터 입주 가정교사를 자처하여 학업을 이어가야만 했다. 고등학교 3학년 여름방학 때였을까. 집에 와 마음을 달래려 뒷산에 올랐다. 내려다보이는 고향 산천은 평화로운데 불투명한 나의 미래가 굴레가 되어 내 마음은 천근만근이었다.

산 정상에 앉아 한참 동안 내려다보았다. 마을에서 산길을 돌아 십여 리나 멀리 떨어져 있는 외딴곳, 육지에서 쫓기던 호랑이가 피해와 숨어 있었다던 험한 계곡, '적굴'이 보였다. 이곳은 대덕산과 범덕산 자락이 바다를 향해 내달리다 서로 마주치는 곳으로 그 끝자락에 논과 밭들이 옹기종기 붙어있는 곳이다. 동네로부터 거리가 멀어 농사짓기가 힘든 땅주인들은 사겠다는 사람만 나타나면 빨리 처분하고 싶은 곳이었다. 그곳을 보는 순간 "유레카!"라고 나도 모르게 소리를 질렀다. 저곳의 토지와 동네에 있는 우리 토지를 맞교환하면 더 많은 땅을 확보할 수 있을 것 같아서였다. 집에 돌아와 부모님께 말씀드렸더니 부모님께서도 흔쾌히 동의해 주셨다.

그해 여름, 땅주인들을 설득해 우리 전답과 이곳 토지를 1 : 5의 비율로 맞바꿨다. 그렇게 해서 얻은 땅은 밭이 10,000여 평, 논과 임야를 모두 합치면 30,000평이 좋이 넘었지 싶다. 흩어져 있던 토지를 한곳에 모아 집단농장을 갖추게 되어 노동의 효율성뿐만 아니라 토지 접근성에서도 가히 혁명적이었다.

악마는 디테일에 있다던가. 일을 저질러 놓고 보니 문제가 한

둘이 아니었다. 우선 막냇동생이 재를 넘어 초등학교에 다녀야 했고, 새로 집을 짓는 힘겨운 일도 큰 짐이었다. 동네까지의 농로를 확장하는 일도 큰 문제였지만 일손 부족이 가장 큰 숙제였다. 그러나 가나안 땅을 향한 이스라엘 민족처럼 우리 가족은 새로운 '약속의 땅'을 향해 묵묵히 걸어가야만 했다. 아니, 아무도 가보지 아니한 길을 운명처럼 가야만 했다.

온 식구는 어머니의 진두지휘하에 농사일에 몰두했다. 나도 주말이면 집에 와 일손을 도왔고, 동생들은 낮에는 일하고 밤에는 책을 읽는 주경야독을 게을리하지 않았다. 광주에 살고 있던 누나네 식구도 함께 일손을 도왔고, 나 또한 대학 입학 후 한 학기를 마치고 입대를 핑계로 휴학한 후 거의 일 년 동안 농사일을 도왔다. 밭일이란 해도 해도 끝이 나지 않는 법. 일은 일을 불러오는 것일까. 특히 장마철에 잡초를 뽑는 일은 그 흔적이 남지 않았다. 잡초를 뽑고 돌아서면 "어디 나 또 뽑아보시지."라며 비웃기라도 하듯이 그 자리엔 또 다른 잡초들이 고개를 들고 있었다.

온 식구들은 샛별을 보고 들에 나와 해가 져 어둑해질 무렵 개밥바라기별이 떠오를 즈음이 되어서야 일손을 멈추었다. 해가 밤섬을 넘어가고 하늘이 온통 자줏빛으로 물들어가면 붉은 바닷물은 대동맥 같은 큰 갯고랑에 밀려 들어와서 실핏줄 같은 작은 갯고랑을 따라 집 앞 넓은 갯벌을 붉은 물감으로 가득하게 채워가고 있었다. 노을에 물들어 가는 저녁 풍경에 나는 밀레의 〈만종〉을 생각하며 감사의 기도를 드리곤 했다.

저녁을 먹고 난 후 어머니는 고단한데도 자루를 뺀 호미들을 마당에 박고 그 위에 가마솥 뚜껑을 뒤집어 얹어서 돼지기름으로 몇 번 두른 후에 참기름을 고루 바르고, 풋호박을 잘게 썰어 고루 섞어 만든 밀가루 반죽으로 전을 지졌다. 하루 동안 당신의 지휘를 잘 따라 준 자식들에 대한 고마움의 뜻이지 싶었다. 아니면 아무리 힘들어도 조금만 더 참아달라는 부탁이었는지도 모른다. 자장개비 불에 달구어진 솥뚜껑에서는 호박전이 지글지글 소리내며 지져지고 있었고, 뒷산에서는 부엉이가 부엉부엉 구슬프게 울어 대며, 하늘에는 수많은 별이 반짝반짝 빛나고 있었다.

MBC 라디오 심야방송인 이종환이 진행하던 〈별이 빛나는 밤에〉라는 프로그램이 있었다. 하루 일을 마치고 잠자리에 들면 라디오에서 흘러나오던 시그널 음악, 그리고 뒤이어 솜사탕처럼 달콤한 목소리로 해설을 곁들어 들려주던 팝송이 하루의 피곤을 눈 녹듯이 스르르 녹여주었다. 그 음악 소리에 잠은 오지 않고 막연한 그리움은 더욱더 깊어만 갔다.

오늘밤도 밤하늘의 별들이 그 시절처럼 반짝거린다. 도연명이 꿈꾸던 무릉도원도, 헨리 데이비드 소로가 사랑했던 월든 호수도 아니었던, 그 옛날 우리의 '약속의 땅'은 우리에게는 간절하고 절실했던 땅이었다. 꿈을 향해 꿋꿋하게 살았던 우리 가족의 삶이 지금 파노라마처럼 아련히 눈앞에 펼쳐진다. 힘들었지만 행복했던 그 시절이 이제 그리움이 되어 별이 빛나는 이 밤에 가슴 깊이 밀물처럼 밀려온다.

내 영혼의 종착역

기차에 몸을 실었다. 창가 쪽 역방향 좌석이다. 목적지가 종착역 목포라는 생각에 울컥 그리움이 밀려온다. 바깥 풍경들이 마치 먼 옛날 아련한 추억의 파편들이 작은 소실점을 향해 사라져 가듯 하나둘씩 가뭇하게 뒤로 멀어져 간다.

목포에는 유달산이 있다. 중학교 시절 유달산은 우리 교실에서도 바로 바라다보이는 산으로 나무 하나, 풀 한 포기 없는 민둥산이었다. 캐러밴의 긴 여행을 마치고 사막 어느 한구석에 주저앉아 고달픈 다리를 쉬고 있는 쌍봉낙타처럼 유달산의 일등바위와 이등바위는 늦은 오후 덩그러니 지친 모습으로 긴 그림자를 드리우고 앉아 있었다.

국어 시간에 선생님은 이런 유달산을 바라보며 즉흥시를 읊으셨다. "하늘엔 하현달 유달산 밑에 나 하나" 그 여선생님께서 읊조리던 그 한 소절의 시구가 어찌나 내 가슴을 크게 울렸던지 지금도 우수에 젖은 선생님의 모습이 눈앞에 선하다. 그땐 곁에 아무도 없어 힘들고 외로워 유달산 밑에 나 홀로 서 있던 시절이었다. 동병상련同病相憐이었을까. 이런 유달산과의 추억 때문인지 목포에 내려오면 나는 버릇처럼 유달산을 바라보며 먼저 인사를 건넨다.

유달산 기슭에는 부추밭이 널려있었다. 화학비료가 풍족하지 않던 시절 부추밭 모퉁이에 자리한 커다란 합수 통에는 장군으로 퍼 날라 온 합수가 가득가득 고여 있었다. 그 합수를 부추 농사를 짓는 거름으로 사용했다. 한번은 유달산을 오르다 잘못 밟아 합수 통에 발이 빠지고 말았다. 얼마나 황당했던지 오르던 길을 포기하고 자췻집으로 돌아와 옷과 운동화를 벗고 몇 번을 목욕하고 발을 씻어도 악취는 며칠을 두고도 사라지지 않았다. 그 후론 부추를 먹을 용기가 나지 않았다. 나는 단 한 번 합수 통에 빠져 고통을 겪었을 뿐이었지만 날마다 부추밭에서 농사를 짓던 유달산 아래 달동네 사람들은 얼마나 힘들었을지. 유달산이 지친 낙타의 모습으로 무릎 꿇고 앉아있던 것도 우연은 아니었지 싶다. 그들은 힘든 삶으로 고달팠고 나는 외로움으로 서러워서가 아니었을까. 지금의 유달산은 울창한 숲과 나무들로 잘 가꾸어진 아름다운 공원으로 추억의 그 부추밭 흔적은 찾을 길이 없다. 일등바위와 이등바위를 가로질러 관광객들의 감탄 소리로 가득한 케이블카들만이 쉴새 없이 오르락내리락하는 관광명소가 되었다.

유달산은 나의 유일한 안식처였다. 어머니가 보고 싶고 마음이 울적한 주말 오후면 가끔 유달산 일등바위에 오르곤 했다. 이곳에서 아스라이 먼 고향 땅을 볼 수 있기 때문이었다. 겹겹이 섬을 넘고 넘어 까마득하게 고향 뒷동산이 보이면 마치 어머니 얼굴이라도 보는 듯하여 눈물이 핑 돌기도 했다. 저녁노을에 물들어가는 다도해에 넋을 잃어 해 지는 줄도 모르고 어둠이 들 때까지 홀로 우두커니 앉아 있었다. 발아래로 보이던 목포 시내의 조는 듯 가물가물한 가로등 그 수은등 불빛과 갯바위에 따개비처럼 다닥다닥 붙어있는 달성동 달동네 오두막의 희미한 백열등 불빛, 어스름한 초저녁 밤하늘 아래 펼쳐진 다도해의 졸리는 듯 노곤한 풍경들이 왜 그리 슬픈 설움으로 밀려왔던지….

우리 학교 뒷동네 양동陽洞은 거미줄처럼 골목길이 이리저리 얽혀 있는 소위 '양동육거리'라 불리는 달동네였다. 그리스 크레타섬에 살았다던 괴물 미노타우로스(Minotaur)도 한번 길을 잘못 들면 찾아 나오기 힘든 길이었을 것이다. 이 동네 모퉁이에 내가 다니던 영흥중학교가 있었고 학교 정문 바로 앞에는 정명여자중학교 정문이 마주보고 서 있었다. 두 학교는 미국 남장로교회 선교회가 세운 기독교 학교로 개항 시 이 지역의 최초 서양식 교육기관으로 신사참배 거부 운동으로 폐교가 되었다가 해방 후에 다시 개교한 역사 깊은 학교들이었다. 기독교 가정에서 자란 내가 이 학교에 입학한 것은 우연이 아니었던 것이다.

학교 앞 골목에는 허름한 풀빵집과 쑥꿀래떡집이 있었다. 학교가 끝나면 남녀 학생들이 참새가 방앗간 찾듯이 모여들던 곳이다. 추운 겨울에 풀빵과 함께 마시던 새까만 주전자에서 팔팔 끓던 생강차와 꿀에 찍어 먹던 쑥꿀래떡 맛은 평생을 두고도 잊지 못할 추억의 맛이다. 학교에서 멀지 않는 곳에 있는 불종대 종일당의 아이스케이크는 내 생전 처음 먹어본 얼음과자였다. 얼음과자라고는 고작 처마밑에 달려있던 고드름을 따먹던 것이 전부였던 시절이었기에 그것은 더욱 신기할 뿐이었다. "달고 시원한 아이스케이크!"를 목청이 터져라 외치며 케이크 통을 짊어지고 땀을 뻘뻘 흘리던 아이들의 목소리가 지금도 생생하게 들린다. 중학교 2학년이었던 내 동생도 나 몰래 밤이면 아이스케이크 통을 짊어지고 원진극장과 중앙극장을 드나들며 아이스케이크를 팔았다고 했다. 지난가을 우연히 동생들과 지난 삶의 이야기를 나누던 중에 동생이 고백하듯 하는 말에 나는 목이 메었다. 3년의 지독한 가뭄 때문에 동생이 학업을 포기하고 집으로 올라간 해였다. 이런저런 생각을 하넌 목포는 나의 어린 시절 서러움이 서려있는 곳이다. 그래서 목포란 말만 들어도 그만 눈물이 나는지도 모른다.

고등학교 시절 진이, 현이, 봉이 그리고 나는 함께 잘 어울려 다녔다. 신안 자은도, 비금도 그리고 선도가 고향인 우리는 모두가 섬 아이들이었다. 주말이면 오갈 데 없는 우리는 가끔 왕자회사 빈터에 모여 시간을 보내곤 했다. 빨간 벽돌 굴뚝들이 하늘 높이 솟아있어 마치 신비로운 어떤 신전과도 같은 그로테스크한 분위기의 폐허 된 공장 터에서 무엇을 하며 지루한 주말들을 보냈는지 뚜렷한 기억은 없다. 아마 어미 곁을 떠나와 목메어 우는 송아지들처럼 고향이 그리워서가 아니었을까. 추억의 왕자회사 그 붉은 기둥들도 이제 사라지고 희미한 기억 속에 어른거릴 뿐이다.

어느덧 종착역이다. 큰딸이 맞이방에서 손을 흔들며 "아빠!" 하고 부른다. 딸아이가 부르는 소리에 정신이 번쩍 들었다. 오늘은 임플란트 수술을 받으러 목포에 왔다. 딸아이가 근무하는 치과병원에서 수술받기로 한 것이다. 어디에서 수술을 받아도 상관이 없겠지만 왠지 목포로 가고 싶었다. 유달산이 있고, 어린 시절 내 추억이 있고, 내 딸이 있고, 형제들이 있고, 부모님이 잠들어 있는 목포. 그래서 난 목포를 잊지 못하는가 보다. 어쩌면 목포는 내 영혼이 잠들 종착역인지도 모른다.

오늘도 유달산을 마주보며 인사를 건넸다. "안녕, 잘 있었어?" 유달산은 그때처럼 아무런 말이 없다. 지금도 유달산은 가난했던 그 시절을 잊지 못하고 있는 것은 아닌지 모르겠다.

조산 느티나무

수구초심首丘初心이라 했던가. 여우도 죽을 때가 되면 자기가 살던 구릉을 향해 머리를 두고 초심으로 돌아간다는 말이다. 달리 말하면 죽어서라도 고향 땅에 묻히고 싶어 하는 마음이라는 뜻이다. 사람도 마찬가지 아닐까. 고향뿐만 아니라 정들어 살았던 곳이면 죽기 전에 꼭 한 번쯤은 가보고 싶은 마음이 인지상정(人之常情)이다. 그래서인지 정년퇴임 후 몇 년이 지나자 나의 초임지인 강진 병영이 그리워 그곳에 가보고 싶은 마음이 꿀떡 같았다.

강진 병영에는 아주 흥미 있는 산이 하나 있다. 강진에 만덕산, 장흥에 수인산, 영암에 월출산 등 병영을 둘러싼 지역에 이름난 명산들이 있지만, 분지 산골 마을인 병영에는 마땅히 내세울 만한 산이 없었다. 그래서 이곳 사람들은 앞들 들머리에 흙무더기를 쌓아 느티나무 세 그루를 심어놓고 그곳을 조산이라 불렀다. 조산造山 또는 조산兆山이라 쓰기도 한다. 자존심이 얼마나 높았으면 없던 산도 다 만들어 냈을까. 하기야 전라좌우수영을 지휘 통제했던 전라병영성이 있었고 또한 북한의 개성처럼 남한 보부상의 중심지였으니 그 정도의 자존심쯤은 당연하였으리라.

대학을 갓 졸업하고 병영상고에 초임 발령을 받았다. 우리 가족은 바로 조산 느티나무 아랫집에 세를 들었다. 조산 느티나무에 둥지를 튼 셈이다. 세 든 집에는 우리 가족뿐만 아니라 몇몇 여학생들과 처녀 선생들도 자취하고 있어서 일종의 다가구 주택인 셈이었다. 이런 집에 남자는 달랑 나 혼자였으니 집안의 안녕을 책임지는 보안군 역할까지도 도맡아 해야만 했다.

조산 느티나무는 그 수격樹格으로 보아 믿음직했다. 어른 서너 명이 감싸도 닿을까 말까 하는 울퉁불퉁 단단한 근육질로 뭉친 듬직한 밑둥치와 사방팔방으로 용처럼 꿈틀대며 뻗어 나가는 구불구불한 가지들이 그 위용을 자랑했다. 집안에서 일어나는 일 하나하나를 지켜보며 우리 가족을 어떤 어려움에서도 막아주는 수호신 역할을 해주리라는 믿음을 주기에 충분했다. "나무는 큰 나무 덕을 못 보지만 사람은 큰 사람 덕을 본다."라는 옛말이 있지만, 난 '사람은 큰 나무 덕을 보고 산다.'라고 믿고 싶었다.

내가 학생들을 인솔해 수학여행을 간 사이에 어린 세 딸들이 한꺼번에 홍역을 앓았다. 열이 펄펄 끓고 있는 아이들을 밤새 간호하느라 아내가 얼마나 힘들었을지 지금 생각만 해도 아찔해진다. 그런데 조산 느티나무 아래 사는 덕이었는지 우리 아이들은 모두 무탈했다. 비록 셋째가 그 후유증으로 폐렴을 앓다가 죽을 고비를 넘기기는 했지만.

가을이면 앞마당에 서 있는 감나무에서 실하고 붉게 익은 감을 따 항아리에 갈무리하며 흐뭇해하던 일들이며, 집안 사람들이 모두 느티나무 그늘에 둘러앉아 돌판에 삼겹살을 구워먹던 모습도 이 나무는 지켜보며 흐뭇해했을 것이다. 그뿐만 아니다. 한밤중에 고양이처럼 살금살금 울타리를 넘어 처녀 선생 방을 기웃거리던 엉큼한 총각 선생도, 뒤뜰 빨랫줄에 걸려있던 여자 속옷을 몰래 훔치려 탱자나무 울타리를 넘어오던 동네 총각들도 이 느티나무는 두 눈 부릅뜨고 지켜보았을 테다. 이럴 때면 병아리를 훔쳐 달아나는 고양이를 쫓던 양반처럼 나는 모둠발로 뛰쳐나와 "야! 너 거기 안 서."라고 소리소리 지르며 뒤쫓아 가보지만, 화들짝 놀란 총각 선생은 쏜살같이 담장을 넘어 달아났고, 속옷을 훔친 동네 총각들은 울타리를 넘어 느티나무 뒤로 벌 쏘인 호말처럼 달아나곤 했다. 이렇게 우리 식구들을 지켜보며 보호해 주는 조산 느티나무를 볼 때마다 나는 듬직한 마음이 들어 출퇴근길에 고개를 숙여 경의를 표했다.

해가 월출산 너머로 기울고 하늘이 온통 자줏빛으로 물들 무렵 하루 일을 마치고 퇴근하다 보면, 우리 아이들은 어느새 느티나무에 매미처럼 달라붙어 저만큼 걸어오고 있는 나를 향해 "아빠!" 하고 부르며 손을 흔들었다. 큰딸은 활동적이어서 한시도 집

안에 앉아 있지를 못했다. 틈만 나면 조산 느티나무에 달라붙어 살았다. 오백 년도 훨씬 넘어 속이 텅 빈 느티나무는 아이들이 그 속을 끼어 다니며 놀기에 안성맞춤이었다. 어느 날 느티나무에서 놀다 떨어져 얼굴에 생채기를 내어 울며 집에 들어오는 딸에게 속이 몹시 상했지만, 그래도 천만다행이라며 안심시키고 다음부터는 느티나무 할아버지가 화나지 않게 조심히 놀라고 타일러 주었다. 이렇듯 느티나무는 우리 가족과 깊은 정을 맺고 한가족처럼 살았다.

그러나 그 정情도 잠시뿐, 나는 근무기간 5년을 마치고 다른 임지로 떠나게 되었다. 떠나기 바로 두 달 전에 막내딸 넷째까지 얻었으니, 바로 우리 가족은 새가 둥지를 틀어 새끼를 기른 다음 저 넓은 세상으로 날아가듯이 정든 조산 느티나무 아랫집에서 또 낯선 세상을 향해 이소離騷를 하게 된 것이었다.

병영을 떠난 지 40여 년이 지난해 어느 봄날, 교직에서 은퇴하고 옛집이 그리워 찾았다. 그립던 옛집은 온데간데없고 빈터만 휑하니 조산 주차장으로 변해 있었다. 정들었던 조산 느티나무마저 앙상한 가지만 남아 쓸쓸하기 그지없었다. 외롭고 고독한 나무일 뿐이었다.

> 나무는 고독하다. 나무는 모든 고독을 안다. 안개에 잠긴 아침의 고독을 알고, 구름에 덮인 저녁의 고독을 안다. 부슬비 내리는 가을

저녁의 고독을 알고, 함박눈 펄펄 날리는 겨울 아침의 고독도 안다. 나무는 파리 옴짝 않는 한여름 대낮의 고독도 알고, 달 얼고 돌 우는 동짓달 한밤의 고독도 안다. 그러나 나무는 어디까지든지 고독에 견디고 고독을 이기고 또 고독을 즐긴다.

— 이양하, 〈나무〉 중에서

이 나무도 오랫동안 세월의 무상함과 고독을 견디며 살아왔을 것이다. 그래도 한 가닥 기다림은 남아있지 않을까. 자신의 품에서 살다 간 생명들이 언젠가는 그 품이 그리워 다시 찾아오리라는 희망을 품고 하루하루 고독을 이기며 살아가고 있는지도 모른다. 느티나무 앞에 서니 왠지 나에게도 고독이 밀려온다. 나도 조산 느티나무처럼 나이가 들어가는 모양이다. 내 품을 떠나간 수많은 제자들, 그리고 멀리 출가한 자식들과 그동안 정들어 잊지 못할 사랑했던 사람들이 더욱 그리워진다.

조산 느티나무 우듬지에는 텅 빈 까치집 하나만 덩그러니 걸려 있다.

2부

붉은발농게

낙지 예찬

나의 고향 신안은 낙지가 많이 잡힌다. 질 좋은 갯벌이 넓게 발달해 서식하기 좋은 자연환경 때문일 것이다. 그래서인지 목포의 '세발낙지', 무안의 '낙지염포탕', 영암 독촌의 '갈낙탕', 신안의 '낙지호롱'과 '낙지탕탕이' 등은 낙지를 재료로 하는 이 지역 대표 음식이 되었다. "쓰러진 소도 일으킨다."라는 낙지에 대한 옛말 때문에 그저 낙지를 보양식으로만 여기며 살아온 것은 사실이다. 그러나 조금만 더 사유해 보면 낙지는 단순한 보양식의 재료 이상의 또 다른 의미를 지닌 귀한 생명체임을 알게 될 것이다.

낙지는 평화주의자다. 폭력이 난무하는 바다는 약육강식弱肉強食의 법칙만이 통하는 세상이다. 낙지는 감성돔처럼 앙상한 가시가 돋아있는 지느러미도 없고, 가오리처럼 꼬리에 독침이 있는 것도 아니다. 상어처럼 날카로운 송곳니가 있는 것도 아니고 성게처럼 앙상한 가시로 무장한 것도 아니다. 꽃게처럼 튼튼한 갑옷을 입고 억센 집게발을 가진 것도 아니고, 숭어처럼 늘씬하여 행동이 빠르거나 비늘로 온몸을 감춘 것도 아니다. 여리고 부드러운 근육질로 형태만 몸과 가슴 그리고 다리로 구분되어 있을 뿐 몸 전체가 하나인 낙지는 바다에 사는 어떤 족속들에게도 적수가 되지 못한다. 겨우 몸을 돌부리에 지탱하거나 떠밀려오는 먹이를 붙잡을 때 쓸 수 있는 빨판을 다리에 가졌을 뿐, 상대를 공격하거나 방어할 그 어떤 무기도 없는 연약한 무골호인이다. 그래서 낙지는 피비린내 나는 바다를 피해 갯벌 속으로 숨어들었는지도 모른다. 이런 그의 성정性情 때문인지 그는 갯벌의 영원한 은둔자이며 평화주의자다.

낙지는 그 자체가 끈질긴 생명력이다. 칠성판 같은 도마 위에 올려진 낙지를 무쇠 칼로 내리쳐 몸통과 가슴 그리고 다리를 자르고 토막을 내도 낙지는 정신줄을 놓지 않는다. 오히려 무쇠 칼과 담판이라도 붙을 양으로 빨판으로 칼날을 붙들고 씨름이라도 할 기세다. 토막 난 낙지 발은 살아 꿈틀대며 죽음을 거부하듯 아우성이다. 산낙지 발을 쭉쭉 훑어 몸통을 입에 넣고 얼굴과 목에 달라붙은 발까지 뜯어 입에 몰아넣어 우물우물 씹은 다음 눈알을 부라리며 목울대로 눈을 찔끔 감고 넘기는 순간에도 낙지는 빨판으로 울대를 부여잡고 놓아주지 않는다. 기를 쓰고 무저갱 같은 뱃속으로 빠져들기를 거부하는 낙지의 생명력이 가히 경이롭다. 오죽 생명력이 강하면 목으로 넘어가는 순간까지도 목울대를 쥐어 잡고 놓아주지 않을까. 단 몇 분 동안 숨을 쉬지 못하면 살 수 없는 연약한 인간에 비하면 갯벌에서 잡혀 뭍으로 올라와 몇 시간이 지나도 끄떡없는 낙지는 그 자체가 생명력이지 싶다.

낙지는 행위예술가이다. 비늘 한 조각 걸치지 않고 타고난 유연성을 바탕으로 무한한 춤동작을 연출해낸다. 대본이나 각본도 없이 시간과 장소를 불문하고 예술적 행위를 마다하지 않는다. 팔팔 끓고 있는 해물탕이나 뜨거운 철판 위에 올라앉은 낙지는 여덟 개의 다리를 뒤틀고 꼬며 서로 뒤엉켜 깊은 영혼의 고뇌를 몸으로 토해낸다. 그건 무절제한 동작으로 표현하는 삶의 아픔이요, 죽음의 순간에 맞는 엑스터시일지도 모른다. 이건 연출도 연기도 아니다. 그저 삶이요, 아픔이요 ,고통이며, 예술이다. 그리고 진실이다. 어떤 뮤지컬 배우도, 브레이크 댄스 비보이도 이렇게 영혼을 쥐어짜는 듯한 춤을 출 수는 없을 것이다.

낙지는 희생의 화신이다. 낙지의 일생은 들에 피어나는 일년초 꽃만치나 처연하고 애처로울 만큼 생이 짧다. 이른 봄에 알에서 깨어난 낙지는 보리가 익어갈 무렵, 몸통이 큰 사람의 엄지손가락 정도로 자라나 '세발낙지'가 되고, 찬바람이 불어오는 가을이 되면 성숙할 대로 성숙해져 '꽃 낙지'라 부르는 성체가 된다. 흰 눈이 내리는 겨울이 되면 갯벌 속에 숨어들어 겨울잠을 자다가 이듬해 봄이 되어서야 잠에서 깨어나 알을 낳고 부화할 때까지 정성을 들여 알을 돌보고 지키느라 먹는 것조차 잊고 산다. 알에서 부화한 새끼들을 보고서야 낙지는 자신의 의무를 다했다고 생각하고 세상 밖으로 나서 보지만, 몸은 이미 탈진 상태라 행동이 굼뜨다. 지치고 탈진한 낙지를 '묵은낙지'라고 하는데 어디 바다 세상이 그리 호락호락한 곳인가. 힘없는 낙지를 보고 달려드는 바다의 포식자들에게 낙지는 속수무책이다. 낙지는 또 다른 생명체의 생명을 위해 반항도 하지 못하고 조용히 생을 마감한다. 낙지의 일생은 태어날 때부터 다음 세대와 또 다른 생명체를 위한 성스러운 희생의 화신이지 싶다. '가시고기'의 애절한 자식을 위한 부성애나 낙지의 눈물겨운 부화 과정은 우리 인간들이 배워야 할 숭엄한 가르침이 아닐까.

낙지는 인간과도 그리 멀지 않는 족속이다. 척추동물과 연체동물의 먼 조상이 진화 계통에서 각기 등장한 것은 약 5억 년 전이라고 하니 그 이전에는 서로 두 조상이 유사한 형태로 존재하지 않았을까. 그래서일까. 낙지나 문어 등의 연체동물들도 인간처럼 사고하고 느끼고 생각한다는 최근의 연구보고서가 나왔다. 문어나 낙지 같은 연체동물은 수족관 탱크의 잠긴 마개를 열어 탈출을 할 수도 있고, 장난감을 가지고 놀 수도 있다. 생쥐 수준의 미로 학습 능력이 있으며, 자신에게 잘 대해주는 사람과 그렇지 않은 사람을 구분할 수도 있다. 다른 동물을 흉내 낼 줄도 알고, 환경에 따라 피부색과 무늬를 자유자재로 바꾸는 능력도 갖추고 있다. 또한 낙지의 뇌 속에는 사람처럼 행복감을 느끼는 신경전달 물질 세로토닌을 분비하는 유전자가 있다지 않는가. 사람과 비슷한 인지 능력의 뇌가 낙지에게도 있다는 학설이다. 살아있는 낙지를 통째로 삶거나 씹어 먹을 때 낙지도 극심한 고통과 통증을 느끼지 않을까. 낙지에게 발성기관이 있다면 큰 소리로 비명을 지를지도 모른다.

낙지는 단순한 연체동물이 아니다. 철저한 평화주의자요, 행위예술가이며, 희생의 화신이기도 하다. 뭐니뭐니 해도 사람과 그리 멀지 않은 족속이라는 사실이다. 때리면 아파하고 사랑하면 좋아하는 감정의 동물이다. 바야흐로 낙지를 대하는 기본자세부터 바로 서야겠다. 낙지에 대한 최소한의 예의 표시로 낙지를 밥상에서 마주할 때면 묵념이라도 가볍게 올려야 하지 않을까 싶다.

덤장

덤장, 그것은 바다에 쳐놓은 거미줄이다. 거미가 바람이 지나가는 허공에 쳐놓은 거미줄로 하늘을 나는 곤충을 포박하듯이 사람들은 갯벌에 덤장을 쳐 물속을 유영하는 물고기를 잡는다.

물고기를 잡는 방법은 여러 가지다. 간만의 차가 심한 바닷가에서 돌을 쌓아 물고기를 가두어 잡는 독살이 있고, 갯고랑을 막아 물고기를 가두어 기른 다음 늦가을에 물을 빼고 잡는 개막이가 있다. 갯벌 등에 설치해 놓고 지나가던 눈먼 물고기가 걸려 잡히는 삼망이 있고, 그물을 끌어 올려 고기를 잡는 후리질도 있다. 미끼를 끼운 낚시를 줄에 달아 물가에 놓는 주낙이 있고, 낚시 하나 달랑 줄에 매달아 고기를 낚는 낚시질도 있다. 그러나 뭐니뭐니 해도 고기잡이의 가장 효율적인 방식은 덤장이 아닌가 한다.

덤장은 물고기를 유인하는 길그물과 길을 따라 내려간 물고기들이 모여드는 통그물 그리고 한번 들어가면 빠져나오지 못하는 벌레잡이통풀 같은 통발로 되어 있다. 단순한 구조이지만 그 속에는 허공에 정치망을 설치하는 거미의 지혜가 숨어 있다. 길목에 대한 본능적인 안목과 끈기 있는 기다림 그리고 먹이가 잡히면 민첩하게 포획하는 순발력이다. 거미줄에 곤충들이 걸려드는 것을 보고 사람들은 덤장의 원리를 깨우쳤을지도 모른다. 거미의 사냥 기술을 벤치마킹한 셈이다. 망망한 바다 한가운데 덤장을 치고 고기가 잡히기를 기다린다는 것은 무모한 짓으로 보일 수도 있다. 그러나 사람들은 물고기가 밀물 때 갯고랑을 따라 들어왔다가 썰물 때 다시 바다로 빠져나가는 사실을 알고 그 길목에 안목 있는 거미처럼 덤장을 쳤을 것이다.

좋은 길목에 덤장을 쳤다고 해서 물고기가 잘 잡히는 것은 아니다. 고기가 잡히는 것은 계절과 물때에 따라 다르고 날씨 조건에 따라서도 다르다. 아무리 고기를 잡고 싶어도 바닷물이 들지 않는 조금 때에는 그저 나무 위에서 물고기를 구하는 격이다緣木求魚. 그뿐이랴. 덤장의 손질 관리에 따라서도 달라진다. "벼는 주인의 발걸음 소리를 듣고 자란다."라는 옛말처럼 덤장도 주인의 손길에 따라 물고기가 잡히는 양이 천차만별이다. 그물이 찢어지면 꿰매야 하고 파래나 매생이가 붙으면 털어주어야 한다. 조금 때가 되면 그물을 뭍으로 끌어내 말리고 손질해 다시 막대살에 이어 붙여 덤장을 꾸려야 하는 수고도 마다하지 않아야 한다.

덤장에 드는 고기는 종류가 다양하다. 꼬리에 독침이 있는 배가 노란 황가오리, 짚단처럼 크고 튼실하며 늘씬한 알 밴 숭어, 진흙에 숨어 눈만 끔뻑끔뻑하는 서대와 광어, 회무침으로 으뜸인 도다리뿐만 아니라 떼로 몰려드는 조기와 전어도 덤장을 찾아오는 단골들이다. 매운탕 거리로 으뜸인 삼세기와 범치, 제사상에 오르는 은빛 감성돔과 점박이 농어는 귀한 손님들이다. 과년한 처녀의 팔뚝만치나 포동포동한 장대, 먹물을 쏘아대는 갑오징어와 통발에 함께 들어오는 꽃게도 무시 못 할 고객이다. 손을 살짝 대기라도 하면 금방 배를 방구만큼이나 부풀리는 복어는 가끔씩 보는 귀여운 녀석이다. 주둥이가 몸길이만큼이나 길고 삼치처럼 등이 파란 '한산치'는 그 이름이 물고기 도감에도 나와 있지 않은 것으로 보아 정약전 선생께서 물고기 이름을 명명할 때 빠뜨린 녀석이지 싶다. '한산치'는 길눈이 어두운지 통발에 들지 않고 길그물에 주둥이를 들이박고 내걸린다. 하얀 길그물에 파란 자신의 몸을 내다 건 초현실주의 행위예술가임이 틀림이 없다.

기실 덤장의 주인은 사람이 아니라 갈매기다. 사람은 덤장 관리사일뿐 실세로 덤장으로부터 먹이를 얻고 진종일 이곳 쉽디의 주인 행세를 하는 것은 갈매기이기 때문이다. 외출했다 집에 돌아오는 주인을 꼬리를 흔들며 반기는 강아지처럼, 조락을 등에 지고 덤장 물을 보러 가면 가장 먼저 반기는 것은 터줏대감 갈매기들이다. 바람이 불어오는 바다를 향해 막대살 위에 나란히 앉아있던 갈매기들이 기다리기나 했듯이 일제히 날아올라 끼룩끼룩 소리를 지르며 하늘을 빙빙 선회한다. 배가 고파 울어 대는 젖먹이들처럼 울음소리가 갯가에 요란하다. 고기들이 갇혀있는 통발 끈을 풀어 조락에 고기를 털어 넣는 순간 갈매기들은 가미카제처럼 자폭 자세로 저공비행을 하며 조락을 향해 돌진해 날아든다. “알았다. 이놈들아! 옜다, 이거나 먹어라.”며 잡은 물고기를 듬뿍 집어 공중으로 던져준다. 갈매기들은 갯벌에 고기들이 떨어지기도 전에 공중묘기를 부리듯 낚아채 받아먹는다. 잠시 갈매기 울음소리가 잠잠해진다. 공존의 세상이다. 먹고산다는 것이 사람이나 미물이나 이리 치열한가 보다.

사람들은 누구나 마음속에 덤장을 하나쯤은 치고 살고 있다. ‘오늘은 고기를 많이 잡아야지.’라고 욕심을 부려 보지만 사람 하는 일이 마음먹는다고 다 되는 것은 아니다. 허구한 날 헛방칠 때가 더 많다. 세상사 어찌 좋은 일만 보고 살 수 있겠는가. 인간만사 새옹지마라 하지 않던가. 이럴 때도 있고 또 저럴 때도 있으니 현실에 너무 집착하고 살지 말자. 허공에 집을 짓고 사는 거미처럼 세상사 멀리 보고 때를 기다릴 줄도 알아야 한다.

찢어진 덤장 그물을 꿰매듯이 자신을 돌아보며 사는 지혜도 필요하다. 나는 시대정신에 뒤떨어진 낡은 사고방식으로 사는 것은 아닐까. 젊은이들의 눈에 꼰대라고 부를 만한 고집불통은 아닌가. 세상을 보는 눈이 가자미처럼 자꾸만 한쪽만을 바라보지는 않는가. 성찰에 성찰을 거듭해야 할 것이다.

방학 때면 조락을 짊어지고 고기잡이 다녔던 옛 고향 집의 덤장을 통해 오늘의 나를 다시 한 번 뒤돌아본다.

붉은발농게

육지도 아니고 바다도 아닌 곳, 하루에도 두 번은 땅의 세상과 물의 세상이 번갈아 펼쳐지는 곳, 이곳을 조간대라 부른다. 산골에서만 살았던 퇴계 선생까지도 놀라게 했던 곳이다. 선생은 곤양(현 경남 사천) 군수인 관포 어득강漁得江(1470~1550)의 초대로 생전 처음 찾은 작도鵲島라는 섬에서 바닷물이 밀려와 두 섬 사이를 순식간에 가득 채우더니 썰물 때가 되자 다시 드러나는 질펀한 갯벌을 바라보며 자연의 신비로움에 놀라 〈논조석〉란 시도 한 수 남겼을 정도다.

논조석論潮汐

呼吸地爲口(호흡지위구) 숨 한 번 쉴 사이에 땅이 포구가 되고
往來山作門(왕래산작문) 조수 들락날락하는 곳에 산은 문이 되었네

이 신비로운 갯벌 세상에서 주인 행세를 하며 사는 녀석이 있다. 달랑게의 사촌 붉은발농게다. 정약전 선생은 《자산어보》에서 이런 농게를 화해花蟹라 불렀다. 푸르스름한 바탕에 알록달록한 꽃무늬를 한 단단한 갑옷으로 완전 무장하고 자기 몸보다도 더 큰 붉은 집게발 하나를 장수 큰 칼 차듯 옆구리에 차고 또 다른 작은 집게발 하나는 먹이를 날렵하게 먹을 수 있도록 반대편에 장착했다. 큰 집게발은 정중한 반면, 작은 집게발은 쉬지 않고 먹이 활동을 해서 마치 바이올린 연주자 같아 보여 서양인들은 농게를 바이올린게(fiddler crab)라 부른다.

붉은발농게는 하루에도 두 번 물속에 잠겨야 하는 숙명인지라 잠수 때도 물 밖 세상이 궁금해서인지 긴 안테나 끝에 눈을 장착한 지혜도 지녔다. 네 쌍의 다리는 다목적용이다. 다리에는 미끄럼 방지용 날카로운 발톱 아이젠을 신었고, 전후좌우를 사륜구동 자동차처럼 자유자재다. 사람 눈에는 이런 다리로 총총 옆걸음을 치는 모습이 불안, 불안해 보이지만, 농게에겐 그것이 가장 편한 걸음일 터. 다리로 갯벌을 벽돌처럼 다듬어 집 어귀에 성 같은 탑을 쌓기도 하니 이런 뛰어난 건축술의 예술적 감각을 어디서 배운 것일까. 그러나 뭐니 뭐니 해도 농게의 가장 큰 매력 포인트는 붉은색 큰 집게발이 아닐까. 그 용도는 분명치 않지만 오롯이 먹이만을 잡는 사냥도구는 아니라는 것이다. 노농老農의 살포나 성문 앞에 붙어있는 귀족의 문장처럼 농게로서의 존재 가치를 드러내며 수컷으로서의 자존심을 지키는 상징물이 아닐까 한다.

바닷물이 빠져 갯벌이 드러나면 제일 먼저 붉은발농게가 집게다리를 높이 들어 앞뒤로 흔들어 대며 춤을 추기 시작한다. 마냥 즐거워서 추는 춤만은 아닐 것이다. 이것은 생존이 달려있는 자신의 영역 확보를 위한 고육지책일 수도 있다. 아니 노동일 수도 있겠다. 그러나 가장 큰 이유는 수공작이 꼬리를 활짝 펴 암공작의 눈을 홀리듯 암게의 환심을 사고자 본능적으로 펼치는 구애작전일 것이다. 이런 상황에 눈치 없는 정적이 끼어든다면 긴장감과 함께 한 치 주저함 없이 붉은 집게발에 힘이 들어간다. 창을 든 트로이 장수 아킬레우스와 칼을 든 아카이 장수 헥토르가 트로이 전쟁터에서 만났을 때 지체 없이 맞장을 떴듯이 두 농게의 결투가 시작되는 것이다. 그러나 농게들의 싸움은 처절한 싸움이라기보다는 집게발로 서로 물고 밀고 밀치면서 힘을 겨루는 일종의 지루한 씨름판과도 같은 싸움이다. 그렇지만 결국은 이 싸움판도 승자와 패자로 나뉘고 말 것이니 갯벌 세상도 힘의 논리만이 존재하는 정글 세상이 아니겠는가.

어린 시절, 찬거리가 별로 없던 섬마을 고향에서는 붉은발농게는 흔한 찬거리였다. 밥상에는 항상 농게장이 올라왔다. 짭조름한 농게장 한두 마리면 밥 한 그릇은 눈 깜박할 사이에 게 눈 감추듯 해치우는 밥도둑이었다. 농게장의 백미는 농게 등딱지 속에 들어있는 노란 게 내장이다. 이걸 농게탕이라 불렀다. 밥 먹을 때마다 할머니께서 까주시는 농게탕을 받아먹기 위해 손자들은 제비 새끼들처럼 차례를 기다려야 했다. 할머니께서 농게 등딱지 내장을 수저 손잡이 뒤로 긁어내 밥숟갈 위에 올려주면 받아먹던 그때의 농게탕 맛과 향이 어찌나 진하고 고소하던지 그 맛은 지금도 뇌리 한구석에 굳게 눌어붙어 지워지지 않는다. 그러나 이 농게탕은 거의 둘째 동생의 차지였다. 식사 때마다 밥상머리에서 욕심을 부리는 둘째의 고집을 아무도 당해낼 재간이 없어서였다. 이런 둘째의 비위를 맞추기 위해 할머니는 농게탕을 까면 항상 둘째 숟가락 위에 먼저 올려주었다. 그뿐만이 아니었다. 밥그릇도 항상 커야 했고, 밥도 가득 담겨야만 만족해했다. 한번은 어머니께서 이런 버릇을 고칠 요량으로 밥그릇에 밥그릇 뚜껑을 넣고 밥을 소복하게 담아 주자 입꼬리가 귀에 걸리는 듯했지만 곧 속았다는 사실에 또 두 발을 싹싹 비비대며 소리소리 질러 울기 시작했다. 그러나 그런 둘째의 울음도 할머니의 농게탕 극약처방에는 두 손을 들고 항복하고 마는 것이었다. 울음 뚝. 어린 시절 농게장을 먹던 밥상 풍경이 떠오르면 지금도 피시시 웃음이 난다.

지금은 지구 온난화로 세계 곳곳에서 대형 산불이 이어지고, 수온 상승으로 양식장 물고기들이 떼죽음을 당하고 있다. 그뿐만이 아니다. 극지방의 빙산이 빠른 속도로 녹아 수면 상승으로 태평양의 작은 섬나라들이 사라질 다급한 실정이다. 지금부터 탄소 배출을 중단한다 해도 오늘날과 같은 빙산의 융해 현상을 멈추기에는 수백 년도 더 걸린다니 바닷물 상승으로 인한 농게들의 삶의 터전인 갯벌이 사라질 것은 명약관화한 일이다.

갯벌이 살아 숨쉬고 붉은발농게가 춤을 추는 세상이 사라지지 않기를, 할머니께서 까주시던 농게탕 맛을 오래오래 느끼며 살 수 있는 세상이 이어지기를 간절히 두 손 모아 바라는 마음이다.

홍어

영산포에 사는 고종사촌 여동생이 홍어를 보내왔다. 현관문을 열자 알싸한 홍어 냄새가 코끝에 진동한다. 찬바람이 불어 속이 출출한 참에 잘 삭아 맛있는 홍어가 먼 길을 찾아왔으니 맨발로 뛰어나가 반가이 맞이한 것도 당연한 일이다.

영산포에는 '홍어거리'가 있다. 우연히 생긴 길이 아니다. 강화도로 피난했던 고려 왕실이 몽골에게 항복하고 개경으로 환궁하려는 처사에 반기를 든 삼별초군이 대몽항전을 선포한 후 진도에 오랑국吳狼國을 세우고 온왕溫王을 왕으로 추대했다. 그러자 조정에서는 상장군 김방경金方慶을 앞세워 몽골군과 연합으로 삼별초난을 진압한 후, 후사를 염려하여 진도를 고립시킬 요량으로 공도령空島領을 내렸다. 이 공도정책에 따라 흑산도 부속 도서인 영산도 사람들은 배를 타고 육지로 올라와 나주의 한 포구에 정착하고 이곳을 영산포, 그 뱃길을 영산강이라 불렀다. 이때 홍어도 이주민들과 함께 영산포에 들어온 것이다.

당시 홍어 주산지였던 영산도에서 나주 영산포까지는 풍선風船으로 2~3일 정도, 풍랑이 심하면 보름 이상도 걸렸다. 영산도에서 잡힌 홍어가 영산강을 따라 영산포에 올라오는 동안 어둡침침하고 쿰쿰한 어창에서 묵언수행을 통해 숙성된 후 새로운 맛으로 거듭남으로써 밋밋한 맛의 홍어가 독특한 맛을 지닌 홍어로 환생되었다. 이것이 영산포가 홍어 원조 고장이 된 유례다.

홍어는 외모의 특성 때문에 비하의 대명사이기도 했다. 상대방에게 무시당한다고 생각되면 "내가 홍어 거시기냐?"라는 말이 그 말이다. 홍어 수컷은 생식기가 둘이어서 어류계의 카사노바로 불릴 만도 하지만 그것 때문에 가치가 떨어졌다. 그래서 어부들은 홍어 수컷을 잡아 올리자마자 그것을 거세하는 바람에 자신을 무시하는 기분이 들 때면 바로 홍어 거시기를 들먹이며 대항하는 것이다. 그뿐만이 아니다. 특정지역 사람들을 '홍어'라고 비하하여 말하는 사람들도 있다. 홍어는《세종실록지리지》를 보더라도 세종대왕의 수라상에 당당히 올랐고, 한때는 북악산 아래 '파란 기와집' 밥상에도 즐겨 오를 정도로 귀한 생선이었다. 이런 홍어를 비하의 대상으로 삼는다는 것은 언어도단이다. 만약 홍어가 이렇게 자신을 비하하는 소리를 듣는다면 '니들이 홍어 맛을 알아?'라고 정색을 하고 따질지도 모른다.

또한 홍어는 해음어海淫漁라고 불리기도 했다. 홍어 수컷은 낚시에 걸려있는 암컷을 보고서도 죽음도 무릅쓰고 달려들어 사랑을 나누다가 암컷이 잡히면 수컷도 함께 따라 잡히는 음탕한 고기라고 여겼기 때문이다. 어찌 보면 홍어의 지고지순한 사랑일 수도 있겠지만 사랑 때문에 목숨을 걸 정도로 무모하게 성욕이 강하다고도 여겼다. 그래서 소설가 김주영은 소설 《홍어》를 통해 바람기가 있어 밖으로만 떠도는 남편을 홍어에 빗대기도 했었다.

이런 홍어의 바람기 때문이었을까. 영산포 홍어 장수에게 시집간 우리 고모는 고모부의 역마살 때문에 평생 속을 썩이며 살아야만 했다. 내가 대학에 다닐 때 고모 댁에서 광주로 통학하는 동안 고모부를 집에서 본 기억이 별로 나지 않는다. 장사하느라 바쁘기도 했겠지만 다른 데 이유가 있었다. 장날이면 이장 저장을 오가며 홍어 장사를 하다가 어느 한 과부 생선 장수와 눈이 맞은 것이 화근이었다. 아들 셋에 딸 넷을 둔 고모의 심정이 어찌했을지. 순한 양처럼 말 없던 고모는 아픈 마음을 홍어 삭히듯 홀로 가슴의 울분을 삭히면서 한평생을 사셨다.

뭐니 뭐니 해도 홍어의 가치는 톡 쏘는 독특한 그 맛에 있지 싶다. 원래 홍어는 삭혀 먹는 생선이 아니다. 지금도 원산지인 흑산도에서는 싱싱한 홍어를 회로 즐겨 먹거나 탕이나 국으로 끓여 먹는다. 그러나 발효를 통해 배추나 무가 상큼한 김치가 되고, 쌀과 보리가 달콤하고 톡 쏘는 막걸리가 되고, 콩이 구수한 된장이 되어 입맛을 돋우듯이, 홍어도 항아리 속에서 볏짚과 함께 시루떡 앉히듯 켜켜이 쌓여 밀봉된 공간에서 침묵의 시간과 고독한 인고의 고통을 겪는 의례를 통과해야만 홍어의 제맛이 난다. 이렇게 삭힌 홍어는 눈이 펄펄 날리는 동지섣달 한겨울에 먹는 맛이 제격이다. 잘 삭은 홍어 한 점을 잘근잘근 씹으며 숨을 깊게 들이쉬면 홍어 냄새가 콧구멍과 목구멍을 타고 넘어가면서 진한 겨자에 생선회를 찍어 먹을 때보다도 더 알싸한 맛이 코끝을 찡하게 울리고 눈에서는 눈물이 핑 돌게 된다. 막힌 콧구멍이 확 터지고 침침한 눈이 번쩍 뜨이며 답답한 가슴이 뻥 뚫리는 마법의 맛이다. 특별히 홍어 한 점을 어금니에 물고 동시에 시원한 막걸리를 한잔 쭉 들이켜면 막걸리의 싸한 맛과 홍어의 알싸한 맛이 함께 궁합을 이루어 뱃속 깊이 폭포처럼 쏟아져 짜릿한 청량감이 온몸으로 퍼져나가는 것이다.

또 잘 익은 김장 배추김치에 돼지고기 수육과 잘 삭은 홍어 한 점을 초장에 찍어 올려 싸 먹으면 그 맛 또한 일품이다. 이것을 홍어 삼합三合이라 부른다. 김장 배추김치의 시큼하고 깔끔한 맛과 돼지수육의 고소하고 부드러운 맛, 잘 삭은 홍어의 톡 쏘는 맛이 한데 어울려 환상적인 맛으로 거듭나는 것이다. 이것을 난 '백미화쟁百味和爭'이라 부르고 싶다. 제각각 맛이 다르지만 자기만을 고집하지 않고 서로 화합하고 조화를 이루는 그 정신이 원효대사의 화쟁사상을 닮아있다.

식탁에 홍어 상을 차렸다. 아내와 함께 막걸리 안주에 홍어를 먹는다. 불현듯 한평생 홍어처럼 속을 삭이며 살다 간 고모가 생각난다. 순한 양처럼 말없이 꿋꿋하게 사시며 언제나 온화한 미소를 잃지 않던 우리 고모. '세상사 힘들어도 오래 참고 삭이면서 홍어 삼합처럼 모든 일에 화합和合과 조화調和의 큰 뜻을 이루며 살아야 하느니라.'며 고모께서 일깨워 주신다.

짱뚱어

세상에서 못났기로 두 번째 가라 해도 서운해하지 않을 물고기가 있다. 이런 외모 때문에 사람들은 이 물고기를 물고기로 대접해주지 않았던 때도 있었다. 그러나 보면 볼수록 귀엽고 행동거지 하나하나가 앙증맞아 정이 가는 물고기, 바로 이 고기는 질퍽한 갯벌을 터전으로 삼고 살아가는 망둥이의 일종인 짱뚱어다.

나는 짱뚱어와 어려서부터 친하게 지냈다. 섬이 갯벌로 빙 둘러싸여 있으니 바닷가 어디를 가든지 쉬 만날 수 있는 친구였다. 썰물 때 바닷물이 빠져나간 갯벌 위에서 이리저리 뒹굴다가도 가벼운 인기척이라도 나면 쏜살같이 뛰어 구멍으로 허겁지겁 숨어든다. 정신없이 도망치듯 뛰어가는 모습이 앙증맞아 웃음이 절로 나오기도 했다.

짱뚱어는 자유로이 유영할 수 있는 바다가 아니라 질퍽한 갯벌 진창이 삶의 터전이다. 피부는 진한 회색으로 위장을 하고 진흙

팩과 일광욕을 즐기며 유유자적하며 살아간다. 곰처럼 긴 겨울잠을 자기도 하고 피부를 통해 공기를 직접 마시며 살아가는 신비스러운 물고기다. 이렇게 살아가는 짱뚱어도 혹여 영역을 침범하는 적이라도 나타나면 마치 공룡시대 스테고사우루스처럼 등에 지느러미를 곧추세우고 나름의 자존심과 위엄을 드러내며 체통을 유지하기도 하는 늠름한 면도 있다. 두 눈이 튀어나온 물고기라 철목어凸目漁라고 부르고, 탄환처럼 날듯이 뛰어오른다고 하여 탄도어彈塗魚라 칭하기도 한다.

고생대 중엽에 물고기가 지구상에 나타나기 시작했을 때 고래와 같은 포유류도 육지를 포기하고 바다에 머물러 살기로 결정했다. 아마 바다가 육지보다 살기가 더 좋은 환경이었나 보다. 그래서 물고기 대부분은 넓은 바다를 삶의 터전으로 삼고 진화에 진화를 거듭하며 각각의 종으로 가지를 쳐 번성해 왔을 것이다. 그런데 짱뚱어는 왜 살기 좋은 넓은 바다를 마다하고 하필 이런 질퍽한 갯벌을 삶의 터전으로 택했을까. 약육강식의 법칙만이 적용되는 초원의 피비린내가 싫어 사막으로 숨어든 낙타처럼, 짱뚱어는 살벌하게 먹고 먹히는 바다가 싫어 안전을 담보로 질퍽한 갯벌로 숨어들었을지도 모른다.

짱뚱어는 천생 평화를 사랑하는 물고기이다. 주위에 함께 살아가는 이웃들을 보면 그의 성정을 알 수 있다. 시간의 흐름을 망각하고 살아가는 천하태평 민챙이, 진흙 속에 숨어 사는 늘보

갯지렁이, 집게발을 들어 춤을 추며 한량閑良처럼 살아가는 붉은 집게발 농게며 어떤 공격 무기도 또는 방어 수단도 없이 살아가는 무기력한 칠게, 언제 어디서나 춤을 자유자재로 추어대는 타고난 춤꾼 무골호인 낙지들이 짱뚱어가 함께 어울려 살아가는 유순한 생명체들이 아닌가.

짱뚱어에게도 가까운 친족은 있다. 사촌뻘인 말뚝망둥이와 육촌뻘 되는 문절망둑이 이들이다. 이들은 농어목 망둥어과의 가까운 종족들이지만 모양새나 생활 습성들이 조금씩은 다르다.

말뚝망둥이는 짱뚱어와 생김새가 흡사해 보이지만 몸피가 작은 편이며 항상 물결을 따라 오르락내리락하는 습성이 있다. 한 곳에 정착하지 못하는 노마드처럼 항상 물가를 따라 떠돌며 방랑하는 습성을 지녔다. 돌발 상황이 발생하면 물위를 달리듯 뛰기도 한다. 작은 앞 지느러미와 꼬리로 물위를 박차며 첨벙첨벙 뛰어가는 모습이 두 발로 달리는 도마뱀처럼 앙증스럽다.

또 다른 동족인 문절망둑, 이 물고기는 피부는 연한 청록색으로 바닷물을 보호색으로 삼아 몸을 숨기고 살아간다. 낚싯줄을 던지면 이것저것 계산하지 않고 대범하게 먹이를 덥석 낚아채는 배짱이 있어 시원시원하다. 세상을 의심하지 않고 살아가는 담백한 그의 성격 탓일 거다. 사람들은 이런 손맛에 문절망둑 낚시를 잊지 못한다. 초가을이면 바닷가에 나가 금세 한 바구니쯤 낚아온 문절망둑을 저미어 무채를 썰어 넣고 갖은양념으로 버무려낸 문절망둑회 판을 어른들은 막걸리 안주로는 최고로 치곤 했었다.

이런 망둥어를 사람들은 하찮은 물고기로 여기는 경향이 있다. 그래서 "숭어가 뛰니까 망둥어도 뛴다."라는 망발을 내뱉는다. 분수와 주제를 모르고 덩달아 남 따라하는 것이라고 비아냥거리는 말이다. 물위로 솟구쳐 뛰어오르는 숭어와 갯벌 위를 철벅철벅 뛰어다니는 짱뚱어를 비교하며 마치 짱뚱어가 숭어의 주책없는 따라쟁이라도 되는 듯 말한다. 그러나 숭어와 짱뚱어는 뛰는 목적부터가 다르다. 숭어는 자기 몸에 붙어있는 기생충을 털어내기 위해 물위로 뛰어오르지만, 짱뚱어는 침범한 자들로부터 자기 영역과 가족을 지키기 위해 목숨을 걸고 뛰어오르는 것이다. 숭어의 뜀질이 자신만을 위한 이기적인 행위라면 짱뚱어의 뜀질은 자기 희생적인 숭엄한 행동이 아니겠는가.

이제는 짱뚱어도 하찮은 물고기가 아니다. 그의 가치를 재평가받기 시작했다. 귀여운 생김새며 고상한 희생정신 그리고 비단같이 부드러운 피부에 아름다운 점무늬와 등에 우아하게 펼쳐지는 공룡의 지느러미 같은 귀여운 모습뿐만 아니라, 바다 생태환경에서 중요한 갯벌 지표종으로도 보호를 받는 귀한 몸이 된 것이다. 유네스코가 세계자연유산으로 지정, 등재한 신안 갯벌에서 평화롭게 살아가는 짱둥어의 가치는 날로 더 커갈 것이다. 짱둥어는 이미 갯벌을 상징하는 마스코트가 되어 '짱둥어 다리' 입구를 지키고 있다.

질퍽한 갯벌에서 욕심 없이 평화롭게 살아가는 짱뚱어, 다른 세상 곁눈질하지 않고 주어진 환경에서 자신만의 세계를 꿈꾸며 살아가기에 오늘날 귀한 대접을 받는 몸이 된 것이리라. 새삼 갯벌에서 팔딱거리며 뛰노는 고향의 짱뚱어들이 눈앞에 선하게 어른거린다.

집게의 꿈

집게를 서양 사람들은 '은둔자의 게(hermit crab)'라 부른다. 바닷가 물웅덩이 돌 틈 사이에서 고둥 껍데기를 짊어지고 숨어 살아가는 집게를 세상과 등지고 작은 오크통에 숨어 살았던 그리스 철학자 디오게네스에 빗대어 지은 이름일 게다. 그러나 집게는 은둔자라기보다는 방랑자에 더 가깝다. 평생을 한곳에 머물지 못하고 새로운 곳을 찾아 유랑하는 노마드처럼 생존에 필요한 집을 구하기 위해 끝없는 길을 걷는다. 운 좋게 새집을 찾아 들어앉았다 하더라도 주기적인 탈피로 불어나는 몸피 때문에 다음 집을 생각하며 평생 집에 대한 꿈을 꾸며 살아가야 하는 운명이다.

모든 생명체가 그리하듯이 집게도 생로병사의 과정을 겪는다. 은밀한 집게의 사생활이라 깊이 들여다볼 수는 없는 일이지만 아마 그들도 종족 보존의 숭엄한 사명을 위해 사랑을 나누며 살아갈 것이다. 어둠 속에서 벗어버린 아담과 이브처럼 사랑할는지도 아니면 비좁은 고둥 속 때문에 서로 집게발만 마주잡고 애정을 나눌는지 모른다. 잉태한 씨앗은 암컷이 가슴에 고이 품어 얼레고 달래며 키우다가 밀물이 밀려오는 달 밝은 밤에 만세 부르듯 두 집게발을 번쩍 들고 마치 트위스트 춤을 추듯 가슴을 털어 바다로 내보내는 것이다. 바다로 흘러간 알은 부화를 거쳐 일반 게처럼 새우 모양을 한 조애아(zoea) 유생으로 살아가다가 몇 번의 탈피를 겪은 후 집게의 형태를 갖춘 메갈로파(megalopa)로 변신하여 육지를 향해 올라오리라. 그러나 그들은 달팽이만 한 용기도 없어 밀물과 썰물의 한계선에서 그만 주저앉고 말지 싶다. 바닷가에 도착한 집게는 이때부터 집을 찾는 유랑생활을 시작하는 것이다.

집게는 아무리 보아도 생김새부터가 낯설다. 머리와 가슴은 단단한 껍질을 지닌 갑각류 가제를 닮았고 배는 새우의 모습을 닮았다. 집게는 아직 새우가 가제로의 진화단계에 있든지 아니면 가제와 새우의 이종교잡의 결과든지 둘 중의 하나임이 틀림없어 보인다. 가제도 아닌 것이 그렇다고 새우도 아닌 것이 기이한 모양을 하고 태어나 독립된 종으로 분류되어야 하지만 그들은 가슴과 머리의 생김새 때문에 어쩔 수 없이 갑각류의 사촌으로 살아갈 수밖에 없다. 하기야 그리스 신화에 나오는 반인반우半人半牛처럼 인간의 몸에 황소의 머리와 꼬리를 달고 있는 미노타우로스

(Minotauros)라는 괴물도 있으니 꼭 집게의 외모만을 탓할 일만은 아니다. 그것은 오로지 조물주의 창조 의지에 맡길 수밖에…….

집게는 다섯 쌍의 발을 가지고 있다. 첫 번째 한 쌍의 집게발은 칼과 방패와도 같다. 먹이를 잡거나 적과 싸울 때 무기로 사용하기도 하지만 빈 고둥 속에 숨을 때는 입구를 단단히 막는 방패가 되기도 한다. 가슴에 붙어있는 세 쌍의 발은 수륙 양용 장갑차의 무한궤도의 역할을 한다. 느리지만 어떤 장애물도 거뜬히 넘어갈 수가 있다. 발끝이 날카로워 어떤 환경 속에서도 미끄러지지 않고 몸의 균형을 잡는다. 복부 끝에 있는 갈구리 모양의 마지막 한 쌍의 발은 배의 닻의 역할을 한다. 고둥과 집게가 분리되지 않도록 둘둘 꼬여있는 고둥 속 중심을 꼭 움켜잡는다. 불완전한 피조물이지만 자기 몸 하나 지탱하기 위해서는 필요한 모든 조건을 고루 갖추었다.

집게는 외로운 방랑자다. 불안한 삶의 무게를 홀로 지고 미지의 길을 가는 수도자와도 같다. 불완전하고 볼품없는 개체로 세상에 내보낸 조상들에게도 한마디 원망도 하지 않고 묵묵히 집을 찾아가는 묵언의 수행자다. 고둥 껍데기를 짊어지고 오르지 못한 육지를 향해 형이상학적인 꿈을 꾸고 있는 고독한 철학자인지도 모른다. 그러나 그들은 형이하학적인 꿈을 꾸는 것도 잊지 않는다. '어디 내 몸에 맞는 고둥 껍데기라도 하나 있지 않을까.'라는 소박하지만, 그에게는 생사가 달려 있는 절박한 꿈을 꾸며 살아간다. 현실과 이상을 절대로 잊지 않는, 어쩌면 현명한 처사인지도 모른다. 입맛에 딱 맞는 고둥 껍데기를 어디 그리 쉽게 찾을 수 있을까. 수요와 공급 때문에 형성되는 시장원리에 따라 바다가 제때 공급해 준다면야 집게도 저런 절절한 바람으로 살아가지는 않을 것이다. 집게의 일생은 그래서 고단하기만 하다.

집 때문에 고단한 삶이 어디 집게뿐이랴. 요즘 아파트값이 하늘 무서운 줄 모르고 치솟고 있다. 집을 구하고자 하는 사람들은 애를 태운다. 아니 절망하고 내 집 마련하기를 포기하는 사람들도 늘고 있다. 도심을 벗어나 인근 근교로 나아가 보지만 그곳에서도 집을 구하기란 역시 어렵기 매한가지다. 혹은 하루가 다르게 치솟는 집값 때문에 영끌로 큰 빚을 떠안고 집을 장만하는 젊은이들도 있다. 혹여라도 집값이 폭락하고 대출이자가 올라간다면 이 또한 사회적 문제가 될 것은 불을 보듯 뻔한 일이 아닌가. 이래저래 집 때문에 한숨만 늘어간다.

집을 찾아 헤매는 존재는 바닷가에만 있는 것이 아니다. 도시에도 집을 찾아 끝없이 꿈을 좇는 사람들이 많다. 집게처럼 주거지를 향한 영원한 방랑자, 노마드 신세인 것이 슬픈 현실이다. 사람이나 미물이나 집 때문에 평생 고민하기는 매한가지인가 보다. 하지만 결코 집을 찾는 꿈을 잃지 않았으면 하는 마음이다. 꿈은 반드시 이루어지는 법이니까.

미소 고래

이유 없는 반항으로 방황하던 시절, 나는 고래잡이를 꿈꾸는 송창식의 노래 〈고래사냥〉를 즐겨 불렀다. '술 마시고 노래하며 춤을 춰봐도 가슴에는 하나 가득 슬픔뿐이라며, 그래도 생각나는 조그만 예쁜 고래 한 마리, 신화처럼 숨을 쉬는 그 고래 한 마리를 잡으러 완행열차를 타고 동해 바다로 가자.'던 그 노래가 답답한 마음 한구석에 한줄기 시원한 소나기였다.

선지자 요나의 고래 뱃속 탈출기나, '고래등같은 기와집' "고래 싸움에 새우 등 터진다."는 우리 속담과, 고래 등에 붙은 전복을 따왔다는 제주 해녀의 전설은 '고래는 크다.'라는 편향 확증의 논거가 되고도 남았다. 그래서 고래 하면 당연히 혹등고래나 긴수염고래, 밍크고래 같은 거대한 고래가 떠올랐다. 그러나 고래는 바다 환경과 서식하는 지역에 따라 크기와 모양이 각양각색이라는 사실을 알게 된 것은 그리 먼 날이 아니었다.

나는 고래를 잡으러 반드시 동해 바다로 가는 꿈을 꾸지 않아도 될 일이었다. 고향 매미섬에도 고래가 살고 있었기 때문이다. 그땐 고래인 줄 몰랐던 '상괭이'가 고향 앞바다에 떼를 지어 살고 있었다. 얼핏 보아 겉모습은 돼지와 비슷해 보여 바다돼지海豚라고도 불렀던 기억이 난다. 알고 보니 그 녀석은 제주 남방큰돌고래처럼 작은 덩치에 날렵하고 재주도 잘 부리는 애교 만점인 녀석이었다. 그뿐만 아니라 영리하고 온순하며 미끈한 등과 뭉툭한 얼굴에 항상 미소를 짓는 귀여운 우리 순수한 토종 돌고래였다.

진화론자들에 따르면 조상 고래도 원래는 바다생물이 진화해 육지로 상륙했다는 설이 있는데 진화과정에서 한 개체가 역발상으로 육지를 마다하고 다시 바다로 향했다는 주장이다. 숨쉬기 편하고, 새끼에게 젖먹이기 편하고, 먹을 것 많은 육지를 마다하고 바다를 다시 택했다니. 고래가 바다로 간이유가 무엇이었을까. 이 엉뚱한 조상 고래는 그들이 살던 바다가 다시 그리워진 노스탤지어에 빠진 것은 아니었을까. 아니면 사납고 날렵한 다른 포유류와의 경쟁에서 두 손을 든 것이었을까. 그것도 아니면 저 넓고 푸른 바다를 블루오션으로 착각하고 물텀벙 바다로 뛰어들 듯이 꿈을 찾아 호쾌하게 몸을 바다로 내던진 것은 아니었을까. 어쨌든 바다로 되돌아온 조상 고래는 다양한 환경 속에서 여러 갈래로 분화되어 진화했다. 그 결과 상괭이는 고래목, 이빨고래아목, 쇠돌고래과에 속하는 돌고래로 진화하여 오늘날 족보가 확실한 뼈대 있는 가문의 후손으로 생물 도감에도 엄연히 등재되어 있는 귀한 지체로 살아가는 것이다.

상괭이는 천생 사람을 좋아했다. 여객선이 손님을 싣고 섬을 돌고 돌아 먼 길 뱃고동을 울리며 숨가쁘게 고향 선착장을 향해 달려올 즈음이면, 외출했던 주인을 보고 꼬리치며 반가이 맞이하는 강아지처럼 무리 지어 소용돌이치며 휘돌아가는 '여끝' 물위로 머리를 내밀어 치솟았다가 다시 물속으로 잠수하기를 반복하며 재롱을 피웠다. 햇빛을 받은 돌고래 피부는 잘 닦인 검정 구두처럼 반짝반짝 눈이 부실 만큼 번들거렸다. 손님들이 여객선에서 전마선으로 갈아타고 선착장에 도착하는 순간에도 상괭이들은 전마선 주위를 빙글빙글 돌며 물 밖으로 미소 띤 얼굴을 드러내 손님들과 눈길을 마주치며 즉석 돌고래 쇼를 펼쳐 보였던 것이다.

매미섬 앞바다에 자리 잡고 사는 상괭이는 대덕산 자락에서 사시사철 불어오는 솔향기에 취해 신비롭고 아름다운 샹그릴라를 꿈꾸곤 했거나, 교교한 달밤에 범덕산 기슭에서 울어대는 부엉이 소리에 먼 조상들이 그리워 망향가를 부르며 향수에 젖기도 했었으리라. 이른 봄이면 앞산에 피어나는 진달래와 들판에 만발한 유채꽃, 오월이면 바닷가 모래 둔덕에 피어나는 해당화 향기에 취해 반가사유상처럼 신비의 미소를 지으며 깊은 사유에 들었을지도 모른다. 도요새가 먼 길 날아와 바닷가 모래밭에 알록달록한 알을 낳고, 기러기 떼가 기럭기럭 먼 나라 이야기를 들려줄 때면 이국을 향한 호기심 가득하여 먼 곳으로 정처 없이 떠나고 싶은 마음으로 달뜨던 날도 있었으리라. 이런 판타지 같은 매미섬 앞바다의 서정적 삶이 상괭이를 이곳에 붙들어 잡아놓은 것은 아니었을까.

방싯방싯 미소 짓던 귀염둥이 상괭이, 고향을 찾으면 항상 먼저 반겨주던 상괭이들이 언제부턴가 변심한 여인처럼 아무리 불러도 대답도 기척도 없다. 보도에 따르면 요즘 안강망 어선의 혼획混獲으로 상괭이가 멸종 위기종이 되었다는 소식이다. 고래고기 미식가들의 입맛과 배불뚝이 탐식가들의 포만감을 채워주기 위해 상괭이를 불법 포획하여 밍크고래로 위장 판매한다지 않는가. 가슴이 철렁 내려앉는다. 혹여 매미섬 상괭이들도 이런 불법 포획으로 모두 잡혀간 것은 아닐까.

고래 한 마리 수평선 끝으로 치솟아 올라야 바다가 아름답다는 어느 시인의 말처럼, 상괭이들이 고향 앞바다를 놀이터 삼아 뛰놀던 그 시절 고향이 가장 아름다웠던 때였다. 고향 앞바다 미소 고래 상괭이 쇼를 언제나 다시 볼 수 있을까. 그때 그 시절 고향 바다가 그리워진다.

3부
순례길

순례길

순례길 하면 성스러우면서도 어딘가 고난의 이미지가 떠올라 엄숙해진다. 종교의 발생지나 성인의 무덤 또는 그의 생가와 같은 곳을 찾아가 참배하거나 그 뜻을 기리는 행위를 순례巡禮라 하고, 그곳에 이르는 길을 순례길이라고 하니 그리할 만도 하다. 오늘날 가톨릭 신자뿐만 아니라 나를 위시해서 일반 사람들에게 일생에 꼭 한 번 가보고 싶은 순례길을 들라고 한다면 아마도 산티아고 순례길을 택하지 않을까 싶다.

우리 고향에도 알려지지 않은 작은 순례길 하나가 있다. 진변에서 마을에 이르는 중간쯤인 동구에 '열녀비와 효자비'가 마치 고도孤島에 서 있는 등대처럼 고색창연함을 간직한 채 서 있는 한적한 길이다. 이 열녀와 효자는 친할머니와 손자 관계다. 굳이 항렬로 따지자면 효자는 나로부터 증조부뻘 되고 열녀는 이 효자의 할머니이니 고고조모뻘쯤 되신 분이다.

이 열녀비와 효자비가 모셔져 있는 제각祭閣은 동네 아이들의 놀이터였다. 제각 안쪽으로 사철나무와 향나무가 좌우로 한 그루씩 서 있고 그 나뭇가지를 타고 제각 지붕 위로 오르내리며 술래잡기 놀이를 하던 기억이 새롭다. 동네 어귀 앞 산소 소나무 그늘에 앉아 쉬고 있던 어른들은 이런 우리를 보고 "이놈들아! 어서들 내려오지 못할까. 그곳이 어디라고 함부로 올라가느냐?"라며 호통을 치곤 했다.

지난해 겨울 어느 날, 효자 할아버지의 직계 종손이며 증손자인 경남이 형이 나를 집으로 불렀다. 마음속에 하고 싶은 이야기가 있나 싶어 서둘러 갔다. 방에 들어서자마자 장롱 속에 고이 간직해 두었던 상자에서 두루마리 몇 통을 꺼내와 펼쳐 보였다. 열녀 할머니와 효자 할아버지의 미담에 관해 유생들이 작성한 상소문과 고종 임금께서 친히 내려주신 교지 원본이었다. 한문으로 작성된 문서라 읽기가 쉽지 않았지만, 모르는 한자는 자전을 찾아가며 더듬더듬 읽어가면서 열녀 할머니와 효자 할아버지의 이야기를 알게 되었다. 글을 읽는 동안 남편을 향한 아내의 숭고한 사랑과 부모에 대한 지극한 효가 무엇인지를 직접 들려주는 듯하여 두 분에 대한 존경심이 가슴 깊은 곳에서 뜨겁게 솟아올랐다.

열녀 할머니께서는 영의정 문인공 박승종의 8세손 박준권에게 시집와서 병환으로 수개월 신음하는 시모에게 자신의 허벅지 살을 베어 국을 끓여 드시게 하여 병환을 낫게 하였고, 젊은 나이에 남편이 세상을 떠난 후 친정에 갔을 때 "젊은 나이에 혼자 어떻게 살 수 있겠느냐. 어디 마땅한 곳으로 재가再嫁라도 해야 하지 않겠느냐."라며 청상과부인 딸에게 애원하다시피 권면하자, 그 소리를 들은 딸은 통곡하며 시가로 돌아와 못 들을 말을 들었다며 손수 자기의 손으로 양쪽 귀를 잘라 남편의 무덤에 묻고 평생 수절하며 살았다는 가슴 절절한 이야기였다. 요순시대 허유許由라는 현인賢人이 요제堯帝가 자기의 뒤를 이어 임금이 되어주기를 부탁하자 못 들을 말을 들었다며 흐르는 냇물에 귀를 씻었다는 허유세이許由洗耳란 미담은 들어본 적은 있지만, 열녀 할머니처럼 손수 자기의 손으로 귀를 잘랐다는 말은 들어 보지도 못한 가슴 아픈 이야기였다.

또한 효자인 손자는 어려서부터 천성이 순효하였다. 34세 정해년에 그의 부친이 병환으로 죽을 지경이 되었는데 수개월 동안 곁을 지키며 옷도 갈아입지 않았다. 자신이 아비를 대신하겠다고 천신에게 기도하고 산신에게 기도하였는데 꿈속에서 신인神人의 약을 얻어 제조하여 먹이고 손가락을 베어 그 피를 먹여 3개월을 연명하였다. 부친이 돌아가시자 삼 년 시묘살이를 작정했지만 노모의 만류로 시묘살이는 하지 못하고 3년을 하루도 거르지 않고 묘에 찾아가 절을 하고 문안을 드렸다고 한다. 또한 41세 갑오년에 그의 모친이 병이 위중하였는데 꿈속에 어떤 노인이 약어

藥漁가 있는 곳을 말해 주어 직접 가보니 과연 물고기가 있었다. 잡아 온 물고기를 회를 쳐서 노모를 먹이자 회생하였고, 추운 겨울날 노모가 꿩고기를 먹고 싶다고 하여 그 말을 듣고 산속으로 들어서니 갑자기 매 한 마리가 꿩을 몰아주어 꿩을 가슴에 품고 집으로 와서 손질해 먹이니 노모의 이증痢症이 점차 나아져 일 년을 더 살았다고 한다. 노모가 돌아가시자 초분草墳 옆에 지은 움막에서 머리털과 수염을 깎지 않고 상복을 입은 채로 단 하루도 거름없이 시묘살이를 지극정성으로 다했다는 이야기다.

이러한 미담이 인근에 알려지자 전라도 각 지방의 유생들이 뜻을 모아 임금님께 열녀비와 효자비 건립을 위한 상소문을 올렸고, 상소문을 접한 임금께서는 숭고한 열녀와 효자의 뜻을 높이 기려 널리 전하도록 하라는 뜻으로 승정원의 승지를 통해 교지를 직접 내려 마을 동구에 '열녀비와 효자비'를 세우도록 명한 것이다.(광무 10년, 1906년)

석양 무렵 진변에서 거나하게 술에 취한 동네 어른들이 마을을 향해 비칠거리며 언성을 높여 말다툼하며 걸어오다가도 제각이 가까워지면 잠시 걸음을 멈춰 서서 정신을 반짝 차리고 옷깃을 여미었다. 그리고 혀 곱은 소리로 "할머니, 할아버지 죄송합니다요. 딱 이번 한 번만 용서해 주셔요."라며 몸가짐을 다잡아 똑바로 걸어서 제각 앞을 지나다녔다는 이야기도 전해 온다. 감히 열녀 할머니와 효자 할아버지의 앞을 지나가는데 어찌 술 취하여 흐트러진 몸가짐으로 지날 수가 있겠느냐는 마음이 번뜩 드는 것이었으리라. 동네 후손들이 누구 하나 어긋나지 않고 반듯하게 살아가는 것은 이 같은 조상들이 남긴 열녀와 효자 정신이 핏속에 흐르고 있어서가 아니겠는가.

오늘날 열녀와 효자의 개념도 많이 변했다. 삼강오륜三綱五倫이 인륜人倫의 기본 강령이자 실천 도덕률이었던 조선시대와는 달리, 자기 자신을 중심으로 살아가는 실존주의 시대에 인륜에 대한 견해 차이는 건널 수 없는 강만큼이나 클 수밖에 없다. 그러나 아무리 세계관이 다르다 할지라도 인간의 근본은 변함이 없다는 사실이다. 나我라는 존재가 현존하는 것은 스스로가 아니라 부모가 있어서이고, 사회의 근본인 건강한 가정이 있는 것 또한 건강한 부부가 있어서가 아니겠는가.

요즘시대 부부간의 사소한 갈등만으로도 손 뒤집듯 쉽게 이혼하거나, 재산 문제로 부모를 살해하는 천인공노할 세태를 보면서 고향길에 서 있는 '열녀비와 효자비'를 생각해 보는 것이다. 인륜人倫의 혼돈 시대에 한 번쯤 걸어 봐야 할 길이 바로 고향의 이 순례길이 아닌가 싶다.

자화상

스스로 자신의 얼굴을 그린 그림이 자화상이다. 자화상을 그리려면 그림에 대한 기본 재능과 기능이 있어야 가능한 일이어서 아무나 자화상을 그릴 수 있는 것은 아니다. 그래서 대부분 사람은 자화상 대신 초상화를 그리든가 아니면 사진으로 자기 모습을 남기기도 한다.

해남 연동리 고산 윤선도의 종가 기념관에는 국보 제240 호 우리나라 최고最高로 꼽히는 공재 윤두서의 자화상이 소장되어 있다. 그 앞에 서면 사람들은 그의 당당한 모습에 기가 죽는다. 위로 찢어진 눈꼬리에 강렬한 눈빛, 자존심이 강해 보이는 오뚝한 코, 얼굴을 빙 둘러싼 거칠 것 없이 쭉쭉 뻗어있는 하얀 구레나룻과 턱수염, 금방이라도 말할 것 같은 두툼한 입술을 보고 있으면 마치 정글의 왕 사자 앞에 서 있는 느낌이 든다. 그러나 자화상이 풍기는 이러한 아우라에도 불구하고 자신의 운명에 대해 깊은 한을 품고 있는 듯한 분위기가 어딘지 모르게 풍긴다. 날개를 펴보지도 못한 선비로 향리에 묻혀 살아가야만 했던 자기 모습이 몹시 서러웠을 터인데 그는 무슨 생각을 하며 수염 한 올 한 올을 흐트러짐 없이 저리 섬세하게 그려 갔을까. 나약한 자신의 처지를 한으로 삭이며 내면과 끝없는 싸움으로 자화상을 그려 갔을지도 모를 일이다.

세계적으로 유명한 또 다른 자화상이 있다. 붉은색 바탕에 검은 털모자를 눌러쓰고 왼쪽 귀를 하얀 붕대로 감았다. 무엇인가를 응시하고 있는 그의 눈빛에서 형언할 수 없는 고독과 강박감이 입에 문 파이프 담배 연기와 함께 모락모락 피어오른다. 빈센트 반 고흐의 자화상이다. 친구 고갱과의 불화 이후에 그의 격한 감정을 표현한 그림이다. 네덜란드의 한 시골에서 자라나 목회자가 되고자 했던 고흐와 자본주의 수도 파리에서 태어나 주식 중개상으로 경력을 쌓다가 그림을 그린 고갱과의 만남은 처음부터 삐거덕거렸을 것이다. 서로 건널 수 없는 어떤 깊은 골이 그들 사이에 놓여 있지 않았을까. 두 사람의 갈등이 불화를 낳고 둘은 서로 헤어졌다. 고갱이 떠나던 날, 그는 화를 참지 못하고 자기 귀를 칼로 잘라버렸다. 친구와의 갈등에서 폭발한 감정을 격렬한 터치와 원색으로 자기 모습을 그린 그림이 그 유명한 고흐의 자화상이다.

자화상은 붓으로만 그리는 것도 아니다. 시인 윤동주는 자기 모습을 언어로 그렸다. 식민지 시대 빼앗겨버린 나라와 나약한 자기 모습을 시 〈자화상〉에서 처연한 서정시로 그려낸 것이다.

> 산모퉁이를 돌아 논가 외딴 우물을 홀로 찾아가선 가만히 들여다봅니다./우물 속에는 달이 밝고 구름이 흐르고 하늘이 펼쳐지고 파아란 바람이 불고 가을이 있습니다./그리고 한 사나이가 있습니다. / 어쩐지 그 사나이가 미워져 돌아갑니다.

시대적 비극인 일제 식민지 시대의 암울한 현실 속에서 소극적으로 행동하는 자신이 밉고 괴로워 자신의 모습에 연민을 느끼고 있는 심리상태를 그리고 있다. 밤하늘에 반짝이는 별처럼 허공을 흐르는 맑은 바람처럼 한 점 부끄럼 없이 살아가기를 소망하는 한 젊은 시인이 빼앗겨 버린 조국의 현실 앞에서 좌절하고 서 있는 자기 모습을 한 편의 시로 자화상을 그린 것이다.

그뿐만 아니다. 나의 사진 스승인 사진작가 양재현 님은 사진으로 자화상을 그리기도 했다. 작품 〈미래의 거울〉을 통해 미래의 자기 모습을 그린 것일 게다. 거울 속에 비친 그의 자화상은 앙상한 해골이다. 나이 들어 늙어질 자기의 모습을 〈미래의 거울〉을 통해서 먼 훗날 누구나 겪게 될 진실된 인간의 모습으로 그린 것이다.

나는 그림에 재능이 없으니 윤두서처럼 묵으로도, 고흐처럼 기름으로도 내 자화상을 그릴 수 없다. 또한 윤동주처럼 시적 재능도 없으니 한 편의 시로 내 모습을 그릴 수 있는 것도 아니며 사진작가 양재현처럼 초현실주의 사진을 찍을 수도 없으니 더더욱 그렇다. 그래서 난 거울 속에 비치는 내 모습을 자화상으로 여기고 산다.

오늘 아침 거울 속에 선 내 자화상이다. 어느 때보다 더 초췌해 보인다. 염색한 짙은 갈색 머리를 밀고 하얀 머리카락이 한 치나 올라와 있다. 눈꺼풀 주름이 힘없이 처져있고, 두툼한 돋보기 너머로 눈동자는 초점을 잃었다. 팔자주름이 입가에 선명하고 광대뼈 아래 움푹 파인 볼이 뭉크의 〈절규〉를 닮았다. 초라하고 낯선 모습에 나도 깜짝 놀랐다. 힘에 겨운 무거운 짐을 지고 황혼 녘 들길을 걸어 집으로 돌아오는 아버지의 모습이 보인다.

장자는 성심成心이 아닌 허심虛心으로 세상을 살아가라 한다. 편견과 고착된 마음으로 세상을 살지 말고 확 트인 마음으로 세상을 살다 가라 한다. 일체유심조一切唯心造, 세상사 마음먹기에 달렸다. 마음이 편안해야 얼굴도 환해지는 법. 거울 속에 나의 멋진 자화상을 그리기 위해 마음부터 다스리며 살아가야 할 일이다.

오늘 아침 거울 속에서 나는 낯선 사람을 만났다.

충견

우리나라도 애완견 가족이 천오백만을 넘어섰다. 아침저녁으로 동네 산책길에 나서면 노인뿐만 아니라 한창때인 젊은이들도 애완견과 함께 산책을 나온다. 산책로 주변에 설치되어 있는 데크는 아예 애완견들로 북새통을 이뤄 마치 개 시장을 방불케 한다.

산책 나온 개의 종도 다양하다. 애교가 만점인 깜찍한 푸들, 복슬복슬 포근해 보이는 포메라니안, 체구는 작지만 우아하며 당당한 말티즈, 또랑또랑한 눈망울의 치와와, 눈웃음 가득한 요크셔테리어 등 어린 시절 옛 동네 고샅을 얼쩡거리던 낯익은 개들과는 사뭇 다르다.

어떤 녀석들은 사람처럼 옷을 곱게 차려입었다. 또 어떤 녀석들은 털을 다듬어 인형처럼 예쁘게 단장을 하고 머리에 리본을 달기도 했다. 더러는 알록달록 염색하여 화려하게 꾸몄고, 또 어떤 녀석은 털이 전혀 없어 마치 털 뽑힌 닭 모습이다.

개들은 대부분 목줄에 끌려 주인 뒤를 졸랑졸랑 따라다닌다. 하지만 어떤 녀석들은 주인의 품에 안겨 가거나 등에 업혀 가는 웃지 못할 기이한 일도 있다.

개 이야기가 나왔으니 말이지, 얼마 전까지만 해도 상상도 못할 일들이 개에게 벌어지고 있다. 개 전용 미용실, 병원, 호텔, 유치원, 장례식장뿐만 아니라 건강을 위한 특선 메뉴가 개발되고, 체력 단련장까지 운영되고 있으며 거기에 한술 더 떠 아예 안방까지 점령하고 말았다. 이런 개들을 보면서 가장 못마땅해하는 사람들은 역시 나이 드신 노인들일 게다. 개들이 미워서가 아니라 부러워서 내는 투정이리라. 자식들이 부모보다도 개를 더 알뜰히 보살피는 모습이 눈에 거슬리기 때문이 아닐까. 아니 질투심이 발동했을 수도 있다. 하여튼 개와 주인의 주종관계가 뒤바뀐 세상이 된 것은 어느 정도 설득력은 있어 보인다.

우리 집에도 '호프'라는 개가 있었다. 어머니께서 목포에서 사온 개인데 체구는 별로 크지 않지만 날렵한 몸과 쫑긋한 귀 그리고 또랑또랑한 눈에 짙은 잿빛의 영리한 개였다. 외딴집을 지킬 파수꾼으로 사 오셨던 모양이다. 한 번은 호프가 혼자 외출했다가 집에 돌아오지 않았다. 개가 집에 돌아오지 않자 식구들은 사방팔방으로 찾아 나섰지만 종적이 묘연했다. 이틀이 지나도 나타나지 않자 혹시 개 후리꾼에게 낚여 뭍으로 끌려가 보신탕집에

팔려 가지 않았을까 하고 포기할까도 했다. 그런데 삼 일째 되던 날, 교회에 가던 길에 산속 어디선가 짐승의 신음 소리가 들려왔다. 호프가 주인의 기척에 마지막 SOS를 쳤는지도 모른다는 예감에 귀를 쫑긋 세우자 더 애절하게 끙끙거리는 소리가 들려왔다. 혹시 하고 적진으로 돌격하는 호마처럼 소리나는 곳으로 뛰어가 보니 호프가 올무에 걸려 옴짝달싹못하고 있는 것이 아닌가. 올무를 빠져나오려고 얼마나 몸부림을 쳤던지 주위 땅바닥이 깊게 패어 있었고 올무가 묶여 있던 소나무 가지는 껍질이 벗겨져 곧 부러질 지경이었다. 두 눈이 마주치는 순간, 개의 눈에서 공포의 눈빛이 번쩍하며 섬광을 발하자 나도 섬뜩했다. 급하게 다가가지 않고 몇 번 이름을 부르며 손을 내밀었지만, 공포에 질린 호프는 으르렁거리며 하얀 이빨을 드러냈다. 잠시 후 숨을 몇 번 깊이 쉰 다음 다시 부드러운 소리로 "호프, 호프, 호프…." 거듭 이름을 부르며 손을 내밀어 몸을 만지자 그때서야 진정이 되는 듯 젖은 눈빛으로 나를 바라보며 꼬리로 땅바닥을 가볍게 두들기며 움직였다. 호프가 나를 알아본 것이다. 눈물이 그렁그렁한 눈으로 나를 바라보는 순간 죽음의 공포에 떨었을 개 생각에 내 눈에서도 눈물이 핑 돌았다. 사람이나 동물이나 죽음의 순간은 공포에서 쉬 벗어나지 못하는가 보다. 목과 앞다리가 올무에 조여 금방이라도 잘려 나갈 것만 같았다. 어렵사리 올무에서 풀려난 개는 지쳐 걷지도 못하고 비칠거렸다. 개를 안고 집으로 돌아와 응급처치한 다음에 교회에 갔다. 이 일이 일어난 후로 호프는 우리 가족을 위해 더 진실하고 충직한 충견이 된 것이라 확신했다.

특히 호프는 어머니를 잘 따랐다. 어머니께서 갯것을 하러 바다에 가면 신발을 벗어놓은 장불에 앉아 나올 때까지 꿈쩍도 않고 기다렸다. 또 어머니께서 집 뒤 너럭바위에서 새벽기도를 할 때도 곁에 엎드려 기도하듯 눈을 감고 조용히 기다려 주었다. 눈이 내리는 새벽이면 하얀 눈을 흠뻑 뒤집어썼다가 어머니께서 기도가 끝나고 일어서야 호프도 몸을 흔들어 눈을 털고 일어서는 것이었다. 교회에 가는 날이면 항상 식구들보다 앞장서 걷다가 산모롱이에서는 식구들이 눈앞에 다시 나타날 때까지 목을 길게 세우고 기다리다가 식구들이 나타남을 확인하고 나서야 다시 종종걸음으로 가곤 했다. 척후병 역할을 단단히 한 셈이다. 어머니께서 예배당에 들어가면 현관 앞에 쪼그리고 앉아 기다리다가 예배가 끝나고 현관문이 열려 어머니의 모습이 나타나면 그때야 자리에서 털고 일어나 앞장서서 오던 길을 따라 집으로 돌아오곤 했다.

이렇게 충성하는 우리 개와 이별을 할 수밖에 없는 사정이 생겼다. 큰집 사촌 형님이 중병을 앓고 있어서 보신탕을 먹어야 회복이 된다고 어머니께 부탁한 모양이다. "죽은 사람 소원도 들어준다는데 살려고 하는 사람 소원을 안 들어줄 수 없다."는 어머니의 간곡한 말씀에 충성스런 우리 개를 사촌 형님을 위해서 넘겨 주지 않을 수 없었다. 호프는 번댄 걸음으로 개 목줄에 끌려가면서도 몇 번이고 집을 향해 뒤돌아보곤 했다.

요사이 '충성'이라는 말이 세간에 오르내린다. 새로 임명한 모 기관 원장께서 "대통령님께 충성을 다하겠습니다."라고 한 말 때문이다. 공직자와 개가 충성하는 것은 본질적으로 달라야 할 것이다. 개는 자기를 보호하고, 먹이를 주고, 자주 쓰다듬어 주면 주인이 도둑이든, 강도든, 흉악범이든 본능적으로 살기 위해서 충성을 한다. 그렇게 길들여 왔다. 그러나 공직자는 임명권자가 아무리 자기를 신뢰하고 잘 보살펴준다고 할지라도 법에 맞지 않는 명을 하거나 지시할 때는 무조건 충성을 하면 안 될 일이다. 잘못하면 충신忠臣이 아니라 충견忠犬이 될 수 있기 때문이다.

언론에 오르내리는 충성이라는 말에 오래전 우리 개 호프가 불현듯 생각이 난다.

꽃무릇 사랑

먹구름장이 드리운 선운산 자락에 한바탕 소나기가 휘몰아친다. 내심 꽃무릇을 보지 못할까 조마조마했지만 선운사 일주문에 당도하자 부챗살 같은 가을 햇살이 먹구름장 사이로 폭포처럼 쏟아진다. 도솔천변을 따라 꽃무릇이 무리 지어 피어있다. 붉은 꽃송이에 송알송알 맺혀 있는 빗방울이 어쩐지 한 많은 여인의 눈물이지 싶다.

선운사에는 꽃무릇에 대한 슬픈 사랑 이야기가 전해 내려온다. 아주 오랜 옛날, 스님을 짝사랑하던 여인이 상사병으로 앓다 죽어 묻힌 무덤에서 꽃이 되어 피어났다는 설화가 있고, 산사를 찾아온 아리따운 처녀에게 반한 젊은 비구 스님이 혼자만의 사랑에 빠져 식음을 전폐하고 시름시름 앓다가 피를 토하고 죽은 자리에 꽃으로 피어났다는 이루지 못한 애잔한 짝사랑 이야기다.

꽃무릇은 잎과 꽃이 영원히 만날 수 없는 기구한 운명의 꽃이다. 늦가을에 돋아난 푸른 잎은 추운 한겨울을 견디어 낸 다음 여름이 오기 전에 시들고 그 자리에 연둣빛 대궁이 돋아나 긴 속눈썹 같고 화려한 왕관 같은 선홍빛 꽃무릇을 피워 올린다. 꽃과 잎이 영원히 만날 수 없어 '상사화'라 부르는 이 꽃의 꽃말은 '이루어질 수 없는 사랑'이다. 짝 잃은 기러기의 사랑만큼이나 가슴 아픈 사연의 꽃이다.

돌이켜 보니 나에게도 짝사랑을 했던 때가 있었다. 중학교 시절, 주말이면 목포 뒷개 선창에서 여객선 '영신호'를 타고 고향에 다녔다. 어느 봄날 토요일 오후였던가. 단발머리 한 여학생이 뱃머리에 서 있었다. 교복을 입고 바람에 머리카락을 흩날리며 먼 하늘을 바라보는 모습이 흡사 천사처럼 보였다. 단테의 첫사랑 베아트리아체가, 솔로몬이 흠모했던 술람미 여인이 이보다도 더 아름다워 보였을까. 갸름한 얼굴에 동그란 두 눈망울, 앵두 같은 붉은 입술은 모나리자의 모습이었다. 할말을 잃고 한참을 멍하니 바라보았다. 첫눈에 반한다는 것이 바로 이런 것이었나 보다. 그녀는 복길리 선창에서 먼저 내렸고 나는 한참을 더 간 다음에 내려야만 했다. 집에 가서도 온통 그 여학생 생각뿐이었다. 밤새 잠 한숨 자지 못하고 날만 새기를 기다렸다. 다음 날 아침, 배를 타고 내려가는 길에 행여 그 여학생을 다시 볼 수 있으려나 노심초사했다. 복길리 선창에 여객선이 도착하자마자 그 여학생이 어디 있나 두리번거리며 찾고 있는데 전마선에 그 여학생이 타고 있었다. 다시 가슴이 쿵쿵 뛰기 시작했다. 그러나 용기가 없어 말도 걸지 못하고 먼발치에서 바라만 볼 뿐이었다.

그 여학생은 우리 학교 건너편 여자중학교를 다녔다. 행여 그 여학생을 볼 수 있을까 싶어서 쉬는 시간이면 교실 창밖으로 그녀 학교의 교정을 바라보곤 했다. 쉬는 시간 십 분은 금세 지나갔다. 아무리 찾아보아도 그 여학생 모습을 찾는다는 것은 여간 여려운 일이 아니었다. 그 후로 나는 주말이 되면 더욱 자주 고향을 다녔다. 그 여학생도 같은 배를 타고 다녔다. 가끔 나와 눈길이 마주치면 가볍게 눈웃음까지 지어주었다.

이런 세월이 한 일 년이 지났을까. 다음에 같이 배를 타면 좋아한다고 고백할 참이었다. 그러나 그 다음부터 여학생의 모습을 다시는 볼 수 없었다. 그리고 그 후로 어떻게 되었는지 소식도 알 수 없었다. 가슴만 설레게 해놓고 멀리 떠나버린 그 소녀, 그녀를 한동안 잊을 수가 없었다. 지금까지도.

대부분 사람은 누구나 살아가면서 한두 번은 사랑에 빠지게 될 것이다. 그러나 후회 없는 사랑을 할 수 있는 사람이 얼마나 될까. 특히 첫사랑을 못 잊어 가슴 아파하는 사람을 보면 첫사랑은 쉽게 이루어질 수 있는 사랑이 아닌가 보다. 이루어질 수 없는 사랑이 더욱 가슴 아픈 사랑이기에 이런 사랑을 '꽃무릇 사랑'이라 부르고 싶다. 육체의 고통이야 의사의 손길로 치유할 수 있다지만 아픈 가슴은 그 무엇으로 치유할 수 있단 말인가.

꽃무릇이 선홍빛인 것은 그리움이 한이 되어 가슴이 핏빛으로 멍들어서 지울 수 없는 상처로 남아있기 때문이리라. 꽃무릇이 선홍빛인 것은 단지 남녀간의 사랑 때문만은 아니다. 잎이 꽃을 볼 수 없는 것은 꽃을 피워내기 위해 한겨울에 응축된 기를 알뿌리를 영글게 하는 데 다 소진해 잎이 말라 시들었기 때문이다. 다음에 필 꽃을 위한 자신의 희생이다. 자식이 자라 성공하기를 보고 싶지 않은 부모는 없을 것이다. 우리 부모님도 자식을 남보다 더 잘 키워 보겠다는 신념 하나로 나를 없는 살림에 대학까지 가르치셨다. 하지만 내가 교장으로 승진한 모습을 보여드리지 못하였다. 교장 임명장을 받던 날 임명장을 안고 부모님 산소를 찾았다. "아버지, 어머니! 아들 교장 되어 왔습니다."라고 아뢰었지만, 부모님은 아무런 대답이 없으셨다. 부모님은 말라 시들어버린 잎이고 난 빨갛게 피어난 꽃무릇이었다. 그것이 못내 가슴이 아파 부모님에 대한 그리움과 사무침이 한이 되어 내 가슴도 꽃무릇처럼 진한 선홍빛으로 물든 것이다.

선홍빛 꽃무릇에 붉게 물든 도솔천도 '꽃무릇 사랑'의 슬픔을 안고 바다를 향해 쉬지 않고 흘러간다. 선운사 극락교 난간에 기대서서 도솔천이 들려주는 가르침에 귀기울인다. "홀로 행하고 게으르지 말며, 비난과 칭찬에도 흔들리지 말라. 소리에 놀라지 않는 사자같이, 그물에 걸리지 않는 바람같이, 흙탕물에 더럽혀지지 않는 연꽃같이, 무소의 뿔처럼 혼자서 가라."는 《숫타니파타》 진리의 말씀이 극락교 입구에서 들려온다.

그리움에 멍든 핏빛도 흐르는 도솔천에 흘려보내고, 인연이랑 집착일랑 모두 털어버리고 번뇌로부터 벗어나라 한다. 사무친 그리움도 마음의 병이니 훌훌 털어버리고 무념무상無念無想으로 살아가라 한다. 한이 깊어 가슴에 멍이 된 '꽃무릇 사랑'도 모두 잊고 살라 한다.

벽초지 빛 축제

해 넘어가기 전, 파주 벽초지 빛 축제장은 가을걷이가 끝나 아무도 찾지 않는 무채색 황량한 들판이다.

잠시 후 어둠이 무도회장의 휘장처럼 내리고 빛 축제장에 불이 켜지자 수많은 LED 등촉들이 반짝이기 시작한다. 동시에 켜지는 화려한 불빛으로 밋밋한 세상이 별천지로 금세 변해 마치 동화 속 꿈나라에 들어선 느낌이다. 어둠과 빛은 세상을 바꾸는 요술인가 보다. "땅이 혼돈하고 공허하며 흑암이 깊을 때 창조주가 빛이 있으라 하여 빛이 있었고 빛과 어둠을 나누어 빛을 낮이라 부르고 어둠을 밤이라 불렀다." 어둠 속에 비치는 빛을 보며 '참 아름답다.'라고 감탄까지 했던 것을 보아 창조주도 어둠 속의 빛의 환상적인 아름다움에 대해 미처 알지 못했던 모양이다. 검은 화선지 같은 어둠 속에 금가루와 은가루를 뿌려놓은 듯 수많은 빛이 반짝이며 벽초지 빛 축제장은 또렷한 콘트라스트로 빛과 어둠이 공존하는 아름다운 세상이다. 소리 없이 반짝이는 빛들은 금방 잠에서 깨어난 이름 모를 작은 생명들의 속삭임이지 싶다.

축제장 들머리에 꽃 리본을 한 예쁜 공주가 환한 미소를 짓고, 하늘에는 수줍은 듯 나뭇가지 사이에 초승달이 눈웃음을 치며 걸려있다. 퀸 정원에는 깔끔하게 단장한 나무들이 여기저기 단정한 모습으로 자리를 잡아 앉아있고, 오솔길을 따라 피어난 장미꽃 위에는 향내에 취한 나비들이 어둠 속에서 빛으로 살아나 있다. 오색길 하늘을 뒤덮은 물길 같은 은하수와 하늘에 떠있는 별들이 마치 "환영합니다."라고 깜박깜박 속삭이는 듯하다. 눈 내리는 아리솔 숲길에 예쁜 사슴과 양, 그리고 홍학이 뛰놀고 산타할아버지가 선물 보따리를 메고 서서 지나가는 사람들에게 메리크리스마스를 외치며 손을 흔들고 서 있다. 천사가 하늘을 향하여 부는 나팔 소리에 제우스 가든 정문이 열리고 중세의 왕이나 거닐던 장미꽃 가득한 정원에는 수많은 대리석 조각상들이 아름다운 자태를 뽐내는데 왕관 모양의 분수는 찬란한 빛으로 어둠을 뚫고 솟아오른다.

어둠이 있어 빛이 아름답고, 빛이 더욱 빛나는 것은 어둠이 있어서가 아니겠는가. 명도明度의 척도 섀도우shadow)와 하이라이트(high light)를 오가며 빛과 어둠은 세상의 아름다움을 창조해낸다. 빛과 어둠은 아름다운 세상을 위한 상대적 개념이 아니라 공존의 개념이지 싶다.

이렇게 아름다운 빛이 가득한 파주 벽초지에 생텍쥐페리의 붉은 머리 어린 왕자가 어느 먼 별나라로부터 오늘밤 홀연히 나타날 것만 같다.

나비

어린 시절, 나는 나비와 술래잡기하며 놀았다. 꽃 위에 살포시 앉아 햇빛에 반짝이는 나비 날개를 보면 신비스럽고 황홀했다. 날개 위에 그려진 알 수 없는 알록달록한 반점과 날개 속에 드러난 얼기설기 얽혀 있는 핏줄 같은 가느다란 맥줄 그리고 용수철 모양의 대롱 입에 붙어 있는 하얀 잔털 하나하나가 긴장과 환희를 불러일으켰다. 이런 나비를 더 가까이 가 보고 싶은 충동에 나도 몰래 살금살금 다가가 보지만 내 속도 모르는 나비는 금세 날아올라 또 다른 꽃으로 살포시 날아 도망을 가곤 했다. '날 잡아 봐라.'라고 놀리는 나비 뒤를 쫓아 나는 술래가 되어 해 지는 줄도 몰랐다.

이런 나비의 매력 때문이었을까. 장자도 꿈에 나비가 되어 이 꽃 저 꽃을 날아다니며 자유를 만끽하고 깨어나 보니 자기가 나비인지 나비가 자기인지를 분간할 수 없는 물아일체物我一體의 경지에 이르렀다고 했고, 헤르만 헤세도 어려서 나비의 아름다움에 심취해 나비를 잡느라 학교 수업 시간도 빼먹고, 점심 먹는 것조차도 까마득히 잊고, 탑시계가 울리는 소리도 들을 수 없을 정도로 나비에 심취해 있었다고 했다.

그러나 이런 아름다운 나비에게도 남모를 슬픔은 있다. 나비는 소리를 내지 않는다. 소리 없는 나비, 말 한마디 못 하고 크게 한번 소리 내어 울어볼 수도 없는 나비의 심정이 오죽할까. 억장이 무너지면 말문도 막히는 법. 나비의 일생은 험하고 힘든 길이다. 하나의 작은 알로 이 세상에 태어나 북풍 설한 삭풍을 견디어 봄을 맞이하고, 알에서 깨어나 애벌레가 되어도 비호감의 모습 때문에 자신을 떳떳하게 드러내 놓지도 못하고, 천적의 눈을 피해 이리저리 은폐, 엄폐를 하며 숨죽이고 살다가 날이 차서야 비로소 껍질을 벗는 의식을 치르고 나서 창공을 나는 나비가 되는 것이다. 비상에 성공한 나비는 수많은 동무들이 하늘을 향해 날갯짓 한번 해보지 못하고 저세상으로 사라져 버린다는 현실을 누구보다도 더 잘 알고 있을 테다.

이들의 생명을 위협하는 것이 어찌 이것뿐이랴. 생산성과 노동의 효율성만을 추구하던 시절, 무분별하게 농약을 뿌려대던 때도 있었다. 꽃 피는 봄은 왔지만, 들에는 나비가 날지 않고 새들도 지저귀지 않는 죽음의 세상이 된 것이다. 이런 세상을 레이첼 카슨은 "침묵의 봄"이라고 탄식했다. 나비가 말문이 막힌 것은 이런 험한 세상에서 생존하기 위해 절박하고 처절하게 살아야만 하는 자신의 운명에 억장이 무너져서일 테다.

어느 봄날 우연히 어느 지자체에서 나비 축제가 열린다는 소식을 듣고 반가운 마음에 서둘러 찾았다. 나비 축제라는 말에 이곳이 청정지역인 줄 알았다. 기대를 잔뜩 안고 찾은 축제장 제1 전시관에 들어서자마자 난 깜짝 놀랐다. 수많은 나비가 박제되어 전시관 벽을 따라 전시되어 있지 않은가. 나비는 축제의 제물인 양 주검으로 기다리고 있는 것이었다. 섬뜩한 마음부터 들었다. 언젠가 '인체의 신비'란 전시전에 갔던 기억이 새롭다. 사람의 시체를 박제로 만들어 인간의 모습을 있는 그대로 보여주는 전시회였다. 특히 태아의 모습까지 고스란히 담겨있는 임산부의 박제 앞에서는 소름이 돋기도 했다.

조마조마한 가슴을 억누르며 제2 전시관에 들어섰다. 여기저기서 갓 부화한 나비들이 비상 준비하느라 날개를 바르르 떨며 힘겨워하고 있는 것이 아닌가. 날개에 힘이 없이 이리저리 날다가 나뭇가지를 붙잡고 매달려 있거나 날갯짓을 멈추고 바닥에 떨어져 퍼덕이기도 했다. 더러는 힘겹게 날아와 아이들의 머리, 어깨 그리고 손바닥 위에 앉기도 했다. 힘들어하는 나비들의 모습에 측은한 마음이 먼저 들었다. 인공 부화로 태어난 나비를 밀폐된 좁은 공간에서 날리며 친환경 나비 축제라고 선전하는 말이 듣기에 심히 거북할 뿐만 아니라 서커스장에서 억지 재주를 부리는 난쟁이의 슬픈 눈을 보는 듯하여 그 후론 나비 축제장을 다시는 찾을 용기가 나지 않았다.

그런데 오랜만에 나비의 화려한 군무를 볼 수 있었다. 인공 부화한 나비가 아니라 자연에서 부화한 진짜 나비들이다. 우리 동네 불광천 천변에 나비들이 춤을 추고 있는 모습이다. 지난해만 해도 이렇게 무리 지어 나는 나비 모습을 볼 수가 없었는데, 올해는 수를 헤아릴 수 없을 만큼 많은 나비가 금계국과 개망초꽃 위를 떼를 지어 날고 있다. 어릴 적 나비를 쫓아 술래잡기하던 내 모습이 갑자기 떠오른다.

이런 나비의 날갯짓 때문일까. '나비 효과'가 불광천에 나타난 모양이다. 나비가 춤을 추니 다른 봄 동무들도 함께 떼를 지어 몰려오고 있다. 한강 잉어들이 다투어 올라와 갈대숲 사이에 퍼덕이며 알을 낳는다. 자폐증을 앓고 있는 한 청년이 지른 외마디 소리, "잉어다! 잉어."라는 말에 불광천이 살아 퍼뜩인다. 어미 오리들도 바쁘긴 매한가지. 새끼 오리들에게 먹이를 찾아 먹이랴, 폭군 왜가리 눈치를 살피랴, 잠시도 한눈을 팔지 못한다. 자맥질하던 가마우지가 물고기를 입에 물고 고개를 쳐들고 울대를 꿈틀거린다. 징검다리 위에서 물고기를 기다리기는 해오라기는 해 지는 줄도 모르고, 선비처럼 두루마기를 갖추어 입은 백로가 엉금엉금 물가를 걸으며 기웃거린다. 그뿐이랴. 코로나19에 힘들어하는 사람들도 마스크로 단단히 무장하고 불광천을 가득 메우고 있다. 나비의 군무에 맞춰 너울너울 춤이라도 한바탕 추고 싶은 모양이다.

오랜만에 난 친구 나비를 만나 코로나로 힘든 봄을 잊을 수 있었다. 나비는 지구 환경의 상태를 알리는 전령사다. 자연의 부활이요 생명이며 축복이다.

연꽃

여름 꽃의 여왕은 연꽃이 아닌가 한다. 소서小暑 무렵 연지에 우아하게 피어난 연꽃은 바라보기만 해도 마음이 청초해진다. 연꽃 봉오리는 어두운 마음을 밝히는 등불이며 은은하게 풍기는 연의 향기는 헝클어진 영혼을 빗질하는 얼레빗이다.

내가 연꽃을 처음 본 것은 연지蓮池가 아닌 꽃상여에서였다. 할머니가 꽃상여를 타고 저세상으로 가셨기 때문이다. 나는 어릴 적 사람이 죽으면 으레 꽃상여를 타고 연꽃이 피어나는 세상으로 가는 줄 알았다. 그래서 연꽃은 이 세상의 꽃이 아니라 저세상의 꽃으로 여기며 살아왔다.

초등학교 시절, 해남 대흥사로 수학여행을 갔을 때의 일이다. 그곳 대흥사에는 벽면에 수많은 연꽃이 그려져 있었다. 석가모니 부처께서 가늘게 뜬 눈과 작은 입가에 보일 듯 말 듯한 미소를 머금고 연꽃 한 송이를 들고 빙 둘러서 있는 여러 제자 앞에서 있는 그림이었다. '염화시중의 미소'라고 했던가. 그뿐만이 아니었다. 절 여기저기에 여러 가지 연꽃 문양이 눈에 띄었다. 불상이 앉아있는 연화대며, 연화 문양이 새겨진 문살, 그리고 석탑과 부도, 심지어 기왓장에도 연꽃이 새겨져 있었다. 대흥사는 연꽃 세상이었다.

내가 연꽃과 친해질 수 있는 계기가 생겼다. 취미생활로 시작한 사진찍기동호회에서 무안 회산 백련지로 처음 출사를 갔었다. 이른 아침에 영롱한 이슬을 머금은 연잎 사이로 고개를 살짝 내밀고 피어난 하얀 연꽃은 옹달샘의 맑은 물에 세수하고 해맑게 웃고 있는 소녀의 얼굴이었다. 우윳빛 백련의 자태는 머리에 하얀 베일을 쓰고 말없이 미소 짓는 수녀의 다소곳한 모습이었다. 연꽃을 향해 카메라 셔터를 눌러대자 경쾌한 셔터 소리가 고요한 연지의 아침을 흔들어 깨웠다. 이 각도 저 각도로 한참을 찍어도 더 담고 싶은 마음에 자리를 쉬 뜰 수가 없었다. 난 이때부터 연꽃의 매력에 푹 빠져 이젠 연꽃은 나의 사진 찍기의 한 주제가 되었다.

연꽃은 진흙 속에서 피어나는 꽃이라 더욱 고결한가 보다. 오염된 흙탕물에 물들지 않고 고고하고 깨끗한 꽃을 피워내니 더욱 경이롭다. 연꽃의 이런 성정性情을 일컬어 불가에서는 처염상정處染常淨이라 이른다. 그뿐이랴. 연잎 위에는 티끌 한 점도 머무르지 않는다. 물방울은 떨어져도 연잎은 젖지 않는다. 또르르 굴러내려 흔적도 남김없이 모두 흘러내린다. 둥글넓적한 연잎에 이슬비 방울이라도 머무를 것 같지만 연잎은 그것마저도 살래살래 고개를 저어 털어내고 만다. 조금이라도 물이 고인다 싶으면 스스로 비울 줄 아는 무소유의 마음을 가진 꽃이다. 아마 연꽃은 욕심이 없어 불필요한 모든 것을 다 털어내고 세상을 가볍게 살아가는 것이 행복에 이르는 길이라는 걸 이미 터득한 모양이다. 연꽃 앞에 서면 헛된 세상 것에 혹하여 더럽혀지거나 아직도 버리지 못하고 움켜쥐려는 내 모습이 부끄러워 한없이 작아질 뿐이다.

부패방지법이 있다. 사회가 오죽 부패했으면 이런 법이 만들어졌을까 싶다. 연꽃이 주는 처염상정의 고결한 정신을 받든다면 아무리 썩은 세상에서 살고 있다 할지라도 자신만은 절대로 오염되지 않고 청결함을 유지할 수 있을 것이다. 또한 가벼운 먼지라도 털어낼 줄 알고, 불필요한 물욕에 사로잡히지 않는 연꽃이 지닌 무소유의 정신을 따른다면 굳이 이런 법이 제정되어 사람들을 법이라는 그물로 꽁꽁 얽어맬 필요도 없을 것이다.

연꽃은 향기로 세상을 가득 채운다. 부패하고 오염된 세상일지라도 맑고 고운 향기로 세상을 채워 살아가라는 가르침일 것이다. 연꽃 향기 때문일까. 연꽃 송이마다 벌들이 모여들고 대궁에 앉아있는 개개비도 하늘을 향해 목청껏 노래한다. 가느다란 실잠자리 한 마리, 가녀린 날개로 날갯짓하다가 연잎 가장자리에 앉아 쉬고 있다. 더위에 지친 듯 청개구리 한 마리도 양 볼을 씰룩이며 그늘진 연잎 한가운데 자리를 잡고 앉아 있다. 연꽃 향기가 부른 생명들이 살아 숨쉬는 세상이다. 모두가 함께 모여 사는 참 평화의 세상이지 싶다.

> 마음을 고요하게 하는 내면의 수행이 뒤따르지 않는 한, 겉으로 보기에 아무리 편안한 환경 속에서 지내더라도 당신은 자신이 바라는 기쁨과 행복을 절대로 느낄 수 없을 것이다. 반면에 당신의 내면이 고요하고 평화롭다면, 행복에 필요하다고 여겨지는 갖가지 편리함을 누리지 못하더라도 당신은 변함없이 행복하고 즐거울 수 있을 것이다.
>
> — 달라이 라마·하워드 카틀러,《달라이 라마의 행복론》에서

행복해지기 위해서는 마음이 고요하고 평화로워야 한다는 말일 것이다. 한여름에 피어나는 연꽃을 바라보며 무한히 느낄 수 있는 맑고 청정한 마음이 바로 행복에 이르는 길이 아닐까.

오늘도 카메라 가방을 메고 연꽃이 만발한 두물머리 세미원을 찾아 새벽 첫차에 몸을 실었다. 세미원에는 연꽃이 만발했다. 바람결 따라 흔들리는 연지에 핀 연꽃들이 마치 할머니가 타고 가신 꽃상여처럼 아득하게 출렁거린다.

일출

캄캄한 이른 새벽, 커다란 고래 한 마리가 눈앞에 덩그러니 앉아 있다. 간밤에 마실 나왔다 돌아가는 길을 잃은 것일까. 어둠 속에 앉아있는 섬은 거대한 고래가 되어 꿈쩍도 하지 않는다. 가뭇한 수평선 너머에는 고기잡이배 집어등 불빛만 깜박깜박 졸고 있다.

어둑했던 하늘과 바다가 밝아온다. 하늘이 열리자 손바닥만 한 구름 한 조각이 섬 위에 맴돌다가 연기처럼 온 하늘로 퍼져나간다. 수평선 너머로 붉은 기운이 감도는 순간, 구름이 붉은빛으로 물들고 또 그 구름은 바다로 소리 없이 내려앉아 하늘이 바다이고 바다가 하늘이 된다.

일출의 순간은 카오스에서 코스모스로 전환하는 시간이다. 어둠의 무질서에서 밝은 질서의 세상으로 변하는 성스러운 시간이다. 카오스와 코스모스의 힘겨루기가 그리 쉬운 일인가. 그래서 바다는 해를 놓아주지 않으려 하고 해는 바다로부터 벗어나려 안간힘을 쓰는 것이다. 가려는 자와 붙들려는 자의 힘겨루기. 그러나 바다가 손을 들자 드디어 아침 해가 떠오른다. 서서히 올라와 수평선 위로 떠오르는 일출의 모습이 양 다리를 쩍 벌리고 앉아 둥근 몸통만 도드라져 보이는 오메가 모습이다. 이런 모습을 일출의 백미— '오 여사'라 부른다. 이런 오 여사를 만나기 위해 얼마나 가슴을 졸이며 노심초사했던가. 일출이라고 해서 다 일출은 아니다. 멋진 오 여사 자태를 볼 수 있으려면 "선산 先山에 봉황 鳳凰이 울어야 한다."고들 이구동성으로 입을 모은다.

아침 해는 바다와 하늘의 경계선을 무너뜨린다. 떠오르는 아침 해는 알에서 깨어나 아프락시스에게로 날아가는 한 마리 새가 된다. 지상과 천상을 이어주는 메신저이며, 어둠에서 밝음으로 솟아오르는 한 마리의 불사조다. 지상과 천상을 이어주는 야곱의 사다리이다. 수평선 위로 떠오르는 새빨간 둥근 해가 오늘도 변함없이 솟아오르고 있다.

해변은 또다시 생기가 넘친다. 만선한 고깃배가 오색 깃발을 펄럭이며 항구로 돌아오고, 갈매기는 금빛 하늘을 날며 귀항하는 어부들을 반가이 맞는다. 어디서 들려오는지 해변을 달리는 말발굽 소리와 먼바다에서 밀려오는 해조음이 싱그럽다. 군데군데 피어난 진보랏빛 해국도, 늦가을 서리에 시들한 문주란도 다시 떠오른 아침 해의 찬란함에 기쁨의 함성을 지른다.

일출이다. 제주 성산포 광치기 해변의 황홀한 일출이다.

자작나무 사랑

창밖에는 눈이 하염없이 내린다. 연일 지속되는 강추위로 문밖출입을 못 한 지도 벌써 일주일이 넘었다. 온종일 방안에 갇혀 《찰스 램 수필선》을 읽다가 눈이 침침하여 마음도 다스릴 겸 차 한 잔이 생각났다. 포트에 차가버섯차를 끓여 찻잔에 따르니 모락모락 김이 피어오른다. 아른거리는 김 사이로 한겨울 눈밭에 서서 오돌오돌 떨고 있을 자작나무가 떠오른다.

TV를 켜 영화 〈닥터 지바고〉를 검색해 시작 버튼을 눌렀다. 영화는 서곡부터 사계절의 자작나무를 배경으로 군대행진곡이 울려 퍼진나. 러시아의 볼세비키혁명 사회 변혁기를 다룬 무거운 영화지만 영화 배경에 자작나무가 있어 영화는 깊은 감동과 사랑과 애잔함이 흐른다. 자작나무숲을 배경으로 끝없이 펼쳐진 넓은 설원을 하얀 증기를 뿜어대며 달리는 기관차의 기적 소리가 얼어붙은 침묵의 설원을 일깨운다. 눈 내리는 허허벌판 자작나무 아래에서 울부짖는 늑대의 울음소리, 주인공 '지바고'와 '라라'의 영원한 이별, 성에 낀 유리창 밖으로 희미하게 보이는 자작나무 숲, 마차를 타고 자작나무 가로수 길을 따라 떠나가는 라라를 바라보는 지바고의 슬픈 눈망울, 이 모두가 가슴을 저민다.

내가 자작나무를 처음 본 것은 백두산 천지에 올랐을 때다. 웅장하며 신비로운 천지를 둘러보고 장백폭포 쪽으로 내려오는 길가에 빽빽이 들어선 아름드리 하얀 나무들이 서 있는 것을 보았다. 껍질이 희고 고와 마치 하얀 피부에 한복을 곱게 차려입은 우리 어머니의 젊었을 때 모습을 보는 것 같았다.

강원도 인제 원대리에도 국내에서는 보기 드문 자작나무숲이 있다. 한때 재선충 때문에 말라죽은 소나무 숲을 제거하고 그 자리에 자작나무를 심어 숲을 가꾼 것이 오늘날 국내 유명 관광지가 된 곳이다. 칙칙한 잡목숲이 우거진 임도를 따라 걷다가 산 중상부에 자리한 자작나무숲에 들어서면 마치 심봉사가 심청이를 보기 위해 눈을 떴을 때만큼이나 환해진 새로운 세상에 든 것 같아 탄성이 절로 나오는 곳이다. 이러한 자작나무숲의 매력 때문에 사람들의 발걸음이 연중 끊이지 않는지도 모른다.

자작나무는 팔만대장경 목판을 제조하는 목재로 쓰였다고 한다. 대장경을 자작나무로 만들었으니 귀한 나무임은 틀림없다. 부처님 말씀을 몸에 새겨 죽어서도 영원히 진리가 살아 숨쉬는 나무가 된 것이 아닌가. 속세에 물들지 않고 곧고 깨끗한 성품이 이런 귀한 사명을 감당할 수 있게 되었으리라. 그뿐이랴. 경주 천마총에서 발견된 하늘을 나는 말, 즉 '천마天馬'를 그린 화선지가 바로 자작나무 껍질이라니 더더욱 놀라운 일이다. 일천오백 년이 지난 무덤에서 색깔 하나 변하지 않고 하늘을 나는 말의 모습이 원래 그대로 세상에 드러난 것은 자작나무 표피의 무화無化되지 않는 특성 때문이 아니겠는가. 변하지 않는 영원성 때문에 자작나무는 귀한 직분을 맡게 된 것이리라.

자작나무는 심성이 곧아 하늘을 향해 쭉쭉 뻗어 오른다. 내가 보기에 원대리 자작나무는 그렇다. 작은 공간에서도 이웃하는 나무들과 손에 손을 마주잡고 함께 살아가는 모습이 정겹다. 생존을 위해 더 넓은 공간을 차지하려 아귀다툼을 하는 여느 나무들과는 달리 자작나무는 공존과 배려의 성정을 지닌 나무다. 그래서 자작나무 숲은 약육강식弱肉强食의 법칙이 적용되는 정글이나 밀림의 세계가 아닌 자연무위自然無爲를 숭상하는 신선들이 모여 사는 평화롭고 청정한 세상이다.

자작나무는 몸에 신통한 눈을 가진 나무다. 몸통 옹이에서 자란 상처가 자작나무의 까만 눈이 된 것이다. 밝고 맑은 세상을 지키는 파수꾼이 되라는 신의 계시인지도 모르겠다. 하여 자작나무 숲에 들어서려면 우선 마음부터 다잡아야 할 것이다. 마음속에 미움과 갈등, 시기와 질투 모두 내려놓아야 한다. 세상의 번뇌와 고통, 탐진치貪瞋痴도 모두 버려야 한다. 육신의 부와 명예와

정욕도 모두 비워야 할 것이다. 자작나무숲에 들어서면 나도 모르게 숙연해지는 것은 이 나무가 지상과 천상의 소리를 이어주는 신성한 눈을 지닌 나무이기 때문일 것이다.

자작나무는 모든 것을 아낌없이 내주는 희생의 나무다. 천연 감미료인 자일리톨뿐만 아니라, 건강 차의 주원료인 차가버섯도 키워내는 무던한 나무다. 내 몸이 죽어야만 사람의 목숨을 살리는 차가버섯을 생산할 수 있으니 이런 희생정신을 어디서 또 찾아볼 수 있을까. 어찌 이것뿐이랴. 고로쇠나무처럼 몸속에 흐르는 물기까지도 아낌없이 내어준다. 모든 것을 다 내어주고도 한마디 군소리 없이 그것으로 만족해하는 나무. 이 세상에 존재하는 어느 나무가 자작나무보다 더 성스러울 수가 있을까. 조건 없이 사랑을 베풀어주는 자작나무의 성정性情은 어머니의 희생정신을 닮았다.

영화가 끝났어도 자작나무에 대한 이런저런 생각에 영화의 여운이 오래 남는다. 시베리아 순백의 설원에 펼쳐진 자작나무숲, 백두산 기슭에 서 있는 아름드리 자작나무들, 인제 원대리에 조성된 동화 속 수채화 같은 자작나무숲과 하얀 옷을 입고 정성 들여 기도하시던 어머니의 모습이 자꾸만 떠오른다. 오늘 이 깊은 밤, 눈은 그칠 줄 모르고 나는 따뜻한 차가버섯차를 마시며 자작나무 사랑에 흠뻑 젖어 있다.

사모思慕

늦가을 오후, 담양 백진강 수변공원에서 수필가 매원梅園 박연구(1934~2003) 선생의 문학비 제막식이 열렸다. 제자들과 친구들 그리고 지역사회 인사들과 가족들이 모여 조촐하게 준비한 자리였다. 모두가 숨죽이며 개막식을 기다리는데 느닷없이 불어오는 가을바람에 은행잎들이 노란 나비들처럼 춤을 추며 하늘로부터 날아 내려와 식장을 금세 황금빛으로 물들여 놓았다.

식전式前 행사로 대금산조 연주가 수변공원에 울려 퍼졌다. 한국의 최고 원림인 소쇄원瀟灑園을 소재로 한 〈소쇄원〉이란 대금산조곡이다. 연주자가 눈을 지그시 감고 오른쪽 어깨 위에 살포시 얹혀있는 대금에 가볍게 입술을 대고 긴 호흡을 불어넣자, 단전에서 울려 나오는 듯한 묵직한 진양조의 애절한 소리가 식장 분위기를 순간 숙연하게 만들었다. 어깨를 들썩이며 흔들어 내는 대금의 청공淸孔 소리는 애달픔을 토해내는 듯한 울림과 끊어질 듯 이어지고 또 이어졌다가 끊어지는 슬픈 가락으로 애간장을 저미는 깊은 소리였다. 제자들의 가슴에도 벌써 스승에 대한 그리움으로 가득해 보였다. 훌쩍거리는 소리와 하늘을 향해 고개를 들고 눈물을 억누르는 모습이 여기저기서 눈에 띄었다. 그리운 스승과 제자 사이의 보이지 않는 사모思慕의 정이 강물처럼 흐르는 순간이었다.

나는 매원 선생에게서 직접 배운 적은 없다. 그러나 나의 수필 스승이신 하전夏田 선생께서 입이 닳도록 칭송하는 것을 들어서 그분을 익히 알고 있다. 틈만 있으면 그분을 한국 수필문학의 중흥가中興家라고 입버릇처럼 말하곤 하였다. 그래서 그분의 수필집 《바보네 가게》를 통해 그분과의 문학적 교류를 맺은 인연으로 오늘 이 문학비 제막식에 참석하게 된 것이다.

한 제자는 스승을 사모하는 애달픈 노래 한 곡을 독창했고, 또 다른 제자가 선생께서 쓰신 수필 한 편을 절절하게 낭독함으로써 식장의 분위기는 최고조에 달했다. 제자들이라고 해서 결코 나이 어린 제자들이 아니다. 적어도 칠순을 훨씬 넘긴 수필 문학의 경지에 도달한 제자들도 적지 않아 보였다. 나의 수필 스승, 하전 선생의 스승인 맹난자 선생께서도 단상에 올라 선생을 기리는 간단한 회고담을 한마디했다. 매원 선생이 세상을 뜨기 직전 병문안 자리에서 한 말이라며 "내 생애 수필이 없었으면 난 살 수 없었을 것이오."라고 했다는 그 한마디에 코끝이 찡해졌다. 얼마나 수필에 대한 애정이 깊었으면 그것에 전생을 걸었을까.

《바보네 가게》에서 만난 매원 선생은 꾸밈없고 소박한 삶을 사신 분이었다. 세속적인 감투나 명예 또한 재물에 대한 욕심이 없이 그저 수필만을 위해 한평생을 보낸 사람이었다. 수필의 소재 역시 삶의 주변에 가까이 있는 가족, 동네, 고향, 꽃, 나무 등 정겹고 친숙한 것들이었다. 더욱이 가난한 산골에서 태어나 하고 싶은 공부도 마음껏 하지 못하고 내로라하는 명문대 출신 교수들이 수필가의 주류를 이루고 있는 수필 세계에서 조금도 주눅 들지 않고 꿋꿋하게 살아온 그 모습에 감탄을 금할 수가 없었다. 특히 4녀 1남의 가난한 아버지의 모습은 바로 내 모습을 보는 것 같아 더욱 깊은 정이 가는 분이었다. 또한 재능 있는 제자들을 발굴하여 문단에 등단할 때까지 발벗고 나서 도우셨으며, 글재주가 있는 사람이 있으면 어디든지 달려가 그 글을 세상에 알리는 데 힘을 썼으니, 이런 스승을 제자들이 온정을 다해 사모하며 기리는 것은 당연한 일이 아니겠는가. 스승과 제자의 관계가 돈독하게 형성되는 것은 그저 우연은 아닐 터이다.

문학비 제막식이 시작되자 내빈과 가족들이 비 양옆으로 줄지어 서서 테이프를 잘랐다. 휘장을 걷어 내리자 비석에 새겨진 선생의 청동 조상彫像 앞에 우르르 몰려드는 제자들의 눈가에는 벌써 눈물이 글썽거렸다. 손으로 선생의 동상을 쓰다듬으며 "선생님! 선생님!" 하며 몇 번이고 목놓아 부르곤 했다. 얼마나 스승이 그립고 사무치면 저 나이에 스승을 목놓아 부르는 것일까. 스승

조광조(1482~1519)를 그리며 소쇄원 제월당霽月堂 누마루에 앉아 뒷산 능선 위로 떠오르는 보름달을 보며 흐느껴 통곡하던 양산보(1503~1557)의 울음소리가 저만치나 깊고 절절했을까. 제자들의 스승을 향한 그리움의 깊이를 가늠하기조차도 어려웠다.

소쇄원

천년의 바람이 놀다 갔으리/ 한 오백 년 사랑도 피다 졌으리.
이제는 사람은 가고/ 세월은 더 멀리 흘러/ 나 또한 세상을 잠깐 등지고/ 누마루의 늙은 햇살 기왓골의 묵은 이끼/사람의 일이라 서러웠던 그 이야기를 짐작해 보네.
너무 쓸쓸하여 오히려 맑은데/ 너무 깨끗하여 차라리 설운데/ 내 소리 끝에서 퍼져나가는/ 저 원림의 대나무 소리.
천년을 잠들지 못한 이 남도의/ 눈물 같은 한恨이여 소쇄瀟灑한 삶이여.

제자들이 스승을 흠모하고 사모한다는 것은 억지로 되는 일이 아니다. 스승에 대한 진정한 사모는 스승의 참된 가르침과 제자들을 향한 진실한 사랑에 대해 제자들의 마음에서 우러나오는 자연발생적인 감정일 게다. 식전에 연주되었던 대금 명장 원장현님의 대금산조 〈소쇄원〉 가락이 마음속에 지워지지 않고 오래오래 여운으로 남는다.

4부

해바라기

탄생

고향에서는 닭을 마당에 놓아먹이는 것이 통례였다. 봄이면 암탉들이 병아리 소대를 이끌고 마당 이곳저곳과 두엄자리를 두 발로 허적여 병아리들이 먹을 지렁이며 굼벵이며 온갖 벌레를 찾느라 해 지는 줄도 몰랐다. 이웃집 병아리들과 섞이지 않도록 머리에 잉크 물을 들인 병아리들이 파란 모자를 쓴 유치원생들처럼 떼를 지어 옹기종기 어미 닭 뒤를 따라다녔다. 그런 병아리가 가을이 되면 어느덧 의젓한 어미 닭이 되어 알을 낳기 시작한다.

귀한 손님이라도 오는 날이면 아버지께서는 마당에서 먹이를 쪼고 있는 튼실한 씨암탉에 눈독을 들여 마당 한 귀퉁이로 산토끼 몰이하듯 몰아 잡았다. 아버지의 완력에 저항을 못 하는 씨암탉은 날개를 몇 번 퍼덕이다가 소리 한번 크게 내지르지도 못하고 그만 체념한 듯 두 발만 허공을 허적이다가 조용해졌다. 삼복 때에는 염천에 지친 몸보신을 위해 영계 몇 마리쯤은 에밀레종의 전설 속 어린애처럼 팔팔 끓는 가마솥에 내던져져 백숙과 삼계탕으로 다시 태어났다. 그러나 뭐니뭐니 해도 우리 집 닭의 가장 중요한 의무는 크고 때깔 좋은 달걀을 많이 낳아주는 것이었다.

닭들이 달걀을 아무리 많이 낳는다고 해서 달걀을 마음대로 먹을 수는 있는 것도 아니었다. 한푼이 아쉬웠던 시절이라 아버지는 짚으로 달걀 꾸러미를 꾸려 장날이면 장에 내다 팔았다. 그러나 예외는 있었다. 외삼촌이 친구분들과 집에 오는 날이면 이런 귀한 달걀을 어머니는 아낌없이 내어주었다. 받아든 달걀을 외삼촌과 친구분들은 이에 톡톡 두들겨 작은 구멍을 위아래로 낸 다음 양 볼이 쏙 들어가도록 빨아 날달걀을 다 먹고 나서는 입을 손등으로 쓱 씻으며 "어 참, 고소하다."라고 감탄을 연발하곤 했다. 그러나 우리에게는 그림의 떡이었다.

시골 학교 교사 시절, 가정방문을 할 때면 학부모들이 선생님을 대접한다고 으레 내놓는 것이 날달걀이었다. 여러 학생 집을 방문하는 동안 앞집에서 먹은 날달걀 때문에 극구 사양을 해도 막무가내였다. 가정방문을 마친 후 집을 나서면 서운해하는 학부모들은 달걀 서너 개를 주머니에 넣어주기도 했다. 지나친 사양도 미덕이 아니다 싶어서 어쩔 수 없이 받아들일 수밖에 없었다. 자전거를 타고 비포장 시골길을 한참 달리다 보면 달걀이 주머니에서 깨져 줄줄 바짓가랑이 아래로 흘러내리기도 했다.

달걀은 하나의 세포로 구성된 살아있는 생명체다. 눈도 코도 없는 달걀이 병아리가 되어 나오는 것은 이미 달걀 속에는 창조주의 뜻에 의한 생명 탄생의 설계도가 그려져 있었을지도 모른다. 달걀은 적당한 온도와 습도 그리고 시간만 보존해 주면 살아 움직이는 생명체로 변신하는 도깨비 같은 존재다. 그래서일까. 부족국가 신라의 시조 박혁거세를 비롯하여 알에서 깨어난 왕들이 한둘이 아니다. 신비로운 새 왕권 창출을 꿈꾸는 부족사회에서는 난생신화卵生神話가 필요했었을 터이니.

교육 현장에서는 줄탁동시啐啄同時란 말을 자주 인용하곤 한다. 알이 부화할 때 알 속의 병아리가 껍질을 깨뜨리고 나오기 위하여 껍질 안에서 쪼는 것을 줄啐이라 하고, 어미 닭이 밖에서 쪼아 깨뜨리는 것을 탁啄이라 한다. 이 두 행위가 동시에 이루어져야 병아리가 알을 깨고 나올 수 있듯이, 사제지간師弟之間에도 연분이 서로 맞아야 참다운 교육이 이루어짐을 비유로 쓰는 말이다. 거의 40여 년간 가르치는 일만을 했던 나에게는 이 사자성어가 항상 마음에 와닿았다. 스승과 제자가 마음이 하나가 될 때 그곳에 참 가르침의 꽃이 피어난다는 진리를 깨닫게 해주는 말이었다.

지난겨울 인사동 한 갤러리에서 고등학교 친구 금비禽飛 김왕현 조각가의 전시회가 열렸다. 청동 조각 작품 전시회였다. 가족 사랑과 따뜻한 인간애를 표현한 작품들이 평화롭고 잔잔한 분위기를 자아냈다. 작품 중에서도 나의 눈길을 가장 사로잡는 작품이 있었다. 〈탄생〉이다.

작품 〈탄생〉은 출산 중인 여인의 조각상이었다. 한복 저고리 차림의 여인이 바닥에 누워 천장에 매달린 띠를 두 손으로 움켜잡고 마지막 안간힘을 주고 있는 모습이다. 온 우주의 힘과 에너지가 한곳에 모이는 순간, 두 눈을 힘주어 감고 입을 앙다물어 일그러진 표정이 새로운 탄생을 위한 최후의 몸부림이지 싶었다. 아이가 엄마의 자궁 대신 커다란 알을 깨고 나오며 세상을 향한 일성一聲이 긴장과 침묵을 환호와 기쁨의 함성으로 바꾸어 놓는 순간이다. 알이 깨어지고 새 생명이 탄생하는 순간 여인은 움켜잡았던 띠를 힘없이 놓은 채 유체 이탈의 상태로 공간을 유영하고 있을지도 모른다. 새로운 생명 탄생에 대한 감격과 최고의 만족감에서만 느낄 수 있는 일종의 엑스터시(Ecstasy) 상태일 테니.

작가는 왜 태어나는 아이가 마치 병아리가 알을 깨고 나오듯 어머니 자궁이 아닌 알을 깨고 나오는 모습으로 표현했을까. "새는 알을 깨고 나온다. 알은 새의 세계다. 태어나려는 자는 한 세계를 파괴해야만 한다. 새는 신에게로 날아간다. 그 신의 이름은 아프락시스(Abraxas)이다."라고 헤세의 《데미안》에서 싱클레어에게 데미안이 전해준 한 쪽지의 편지 문구가 얼핏 떠오른다.

작품 〈탄생〉 앞에서 나는 그리스의 신 아프락사스를 향한 꿈을 꾸며 한참을 서 있었다.

무無에 대한 단상

간밤에 내린 비로 계곡물이 많이 불었나 보다. 크고 작은 물줄기들이 한데 모여 마치 김덕수 사물놀이패의 휘모리장단처럼 숨을 참았다가 두드리는 듯 빠르고 경쾌하게 바위틈 사이를 굽이쳐 흐른다. 계곡물은 낭떠러지에서 폭포가 되고, 폭포 아래 작은 소沼를 한 두어 바퀴 돌고 나서 또 아래로 쉬지 않고 흐른다.

북한산을 오르던 길, 계곡물 소리에 취해 한참 서성이다가 너럭바위에 가부좌를 틀고 앉았다. 계곡물 소리가 귓바퀴를 맴돈 후 관자놀이를 지나 측두엽에 이르는 사이 물소리는 어느새 잔잔한 속삭임으로 변한다. 세심교洗心橋를 건널 적에 아직 덜 씻긴 탐진치貪瞋癡의 파편들이 모두 계곡물을 따라 흘러간 것일까. 마음이 한결 청정하다.

흘러가는 저 물은 어디로 가는 것일까. 계곡물은 시내로, 시냇물은 강으로, 강물은 바다로 흘러갈 것이다. 그러면 바닷물이 가는 곳은 어디일까. 더이상 갈 곳이 없을 것 같지만 바닷물은 또 다시 구름이 되고 비가 되고 눈이 되어 다시 지상에 내리는 것이 아닌가. 지금 흘러가는 저 물의 목적지는 바로 내가 앉아있는 이 자리가 될지도 모른다. 나의 본질도 저 물과 다를 바 없을 터. 그렇다면 나는 어디서 와서 어디로 가는 것일까. 나의 본질도 저 물처럼 세상을 돌고 돌다가 지금 앉아있는 바로 이 자리로 되돌아오는 것은 아닐까. 이런저런 생각에 이끌려 진관사津寬寺 경내로 발길을 옮긴다.

진관사 입구 해탈문 좌편에는 맷돌짝을 한 줄로 길게 깔아놓은 길이 있다. 이들을 밟고 길을 따라 오르면 주춧돌만 남아있는 건물터 하나가 휑하다. 집현전 학자들에게 오직 한글 연구에만 몰두하라며 세종 임금께서 배려하여 세운 사가독서당賜暇讀書堂 터가 아닌지 어림짐작해 본다. 바로 그 빈터 뒤 바위에 음각으로 새겨진 글자 무無, 그 글자가 또다시 발걸음을 굳게 붙잡는다.

무無란 무엇인가. 그의 상대 개념인 유有는 또 무엇인가. 무無는 없다는 것이고 유有는 있다는 것인데 이 둘은 또 어떤 관계일까. 사전에는 무無란 '존재하지 않음, 없다無, 아니다非, 아니하다不'란 의미와 "근원적 절대적인 것으로, 인간의 감각을 초월한 실재적이며 세계의 근원인 동시에 인간 행위의 규범의 근원"이라고 폭넓게 정의하고 있다. 나는 전자에 더 큰 의미를 두고 살아왔다. 즉 무無란 의미는 '없다'라는 부정적인 의미로 해석하고 살아온 것이다.

그러나 일찍부터 철학자들이나 사상가들은 이 무無에 큰 의미를 부여하며 살아왔지 싶다. 노자는 "무無는 천지의 시작이며, 유有는 만물의 어머니다."라고 하며 오감五感에 의해 감각되는 모든 만물의 근원은 무無에서 시작된다고 하였다. 그렇다면 오감에 의해 느낄 수 있는 것이 유有라면 존재하면서도 느낄 수 없는 것은 무無인가 유有인가. 대기 중의 공기나, 모든 물질이 끌어당기는 만유인력, 음전기와 양전기, 지구의 자전과 공전에서 발생하는 속도나 소리, 적외선과 자외선 같은 실존하지만 인간의 감각을 초월한 실체들을 유有라고 해야 할 것인가 무無라고 해야 할 것인가.

빅뱅이라는 우주 탄생 사건에서 보듯이 무無에서 유有로 변화시키는 힘 또는 능력을 우주론자들은 '필연적인 물리적 과정'이라 말하고, 자연무위自然無爲를 주창하는 도가에서는 '도道'를, 윤회사상輪回思想을 믿는 불가에서는 '연기緣起'를, 음양의 이치로 우주 질서를 말하는 성리학에서는 '기氣'로, 구약성서 창세기에서는 하나님의 '의지'라 말하고 있다. 모두가 공통으로 무無에서 유有가 탄생했고 유有의 근원은 무無임을 인정하는 셈이다.

바위에 새겨진 저 무無, 이것은 유有인가 무無인가. 그 글자의 의미는 없음無이라지만 실제 존재하는 형태로서 유有의 상태가 아닌가. 이 글자 무無도 언젠가는 풍상에 마모되고 풍화되어 형체가 없는 무無의 형태로 돌아가리라. 나 또한 무無의 세계로부터 태어나 형체와 이름을 가진 하나의 존재인 유有이면서 언젠가는 무無로 돌아갈 운명이 아닌가. 불가에서 말하는 색즉시공 공즉시색色卽是空 空卽是色이란 말과 사람이 흙에서 태어났으니 흙으로 돌아가야 한다는 성경 말씀이 가슴에 깊이 와닿는다.

경내로 들 때 들리지 않던 말이 발길을 돌려 극락교를 지나자 흐르는 계곡물 소리에서 들린다. "세상의 근원은 무無다. 존재하는 모든 것은 무無에서 와서 무無로 돌아가는 것이다. 무 무 무…." 진관사 계곡물은 쉬지 않고 연신 무無라 속삭이며 아래로 흘러간다.

애기동백꽃

부산 둘째 딸네 아파트 정원에 애기동백꽃이 피었다. 앙다물었던 꽃망울이 간밤의 추위에도 아랑곳없이 진분홍빛을 머금고 곱게 피어난 것이다. 저 여린 꽃잎이 간밤 추위에 얼마나 떨었을지……. 봄, 여름, 가을 호시절 다 마다하고 한 해가 저물어가는 엄동설한에 벌벌 떨며 피어나다니, 가녀린 애기동백꽃의 아름다움 너머로 시리디시린 처연함이 울컥 밀려온다.

사람들은 겨울 꽃으로 동백꽃을 꼽는다. 그러나 애기동백꽃도 그에 못지않은 겨울 꽃이다. 여느 꽃들처럼 흔한 전설 한 소절 전해오지 않고 꽃말이라야 고작 '겸손한 아름다움'이라니 자신을 어디에 드러내 놓고 뽐낼 수 있는 처지도 아니다. 그러나 막상 애기동백꽃을 바라보면 누구나 흠뻑 빠져들게 하는 매력을 지니고 있음에도 익히 알려진 동백꽃에 묻혀버린 꽃이라서 더욱 안타까울 뿐이다. 그러나 요즘 남쪽 지방에서는 새로 짓는 아파트 단지 정원에나 동네 공원에서도 애기동백꽃을 가끔 볼 수 있다. 꽃의 아름다움이 서서히 세상에 드러나기 시작한 모양이다. 이런 애기동백꽃을 지역 대표 꽃으로 만들고자 노력하는 곳들이 있다. 시아바다를 마주한 신안 압해도 송공산 자락과 제주 동백수목원에는 애기동백숲이 조성되어 겨울이면 진분홍 꽃이 만발한다. 애기동백꽃 군락지가 형성되어 겨울 꽃을 사랑하는 사람들이 즐겨 찾는 명소가 되었다. 한겨울에 피어나는 애기동백꽃은 꽁꽁 얼어버린 대지 위에 숭엄한 생명을 노래하는 대자연의 서사시다.

애기동백꽃은 바닷가 모래 언덕 위에 피어나는 해당화처럼 스쳐 지나가는 바람결에도 나부껴 떨어지는 연약한 꽃이다. 바람에 흔들리는 애기동백 진분홍빛 꽃잎이 속절없이 떨어지면 어느 순교자가 흘린 성스러운 핏방울인 양 차가운 눈밭을 붉게 물들인다. 이리 허망하게 피었다가 떨어질 꽃이라면 피지나 말 것이지 어찌하여 된서리 찬바람도 마다하지 않고 한겨울이면 해마다 피어나는가. 저 여린 꽃잎은 무슨 힘으로 추위에도 움츠러들지 않고 찬란한 꽃으로 피어나는 것일까. 700년을 진흙 속에 묻혀 침묵의 잠을 자던 홍련 씨앗이 매혹스러운 홍련으로 피어나는 것은 그 속에 우주의 뜻을 담은 생명력이 있어서 아니겠는가. 여리디여려 보이는 애기동백꽃도 강인한 생명력 있어 이 한겨울에 찬란하게 피어나는 것이리라. 추운 겨울 아침에 피어난 애기동백꽃이 작은 불씨같이 남아있는 나의 여생을 소중함으로 다시 한 번

뜨겁게 느껴지게 한다.

애기동백꽃은 동백꽃보다 한 달포 정도 앞서 피어난다. 마치 동백꽃의 길을 밝혀주는 함진아비 같은 꽃이지 싶다. 활짝 피어난 애기동백꽃에서 예수님의 길을 예비한 세례요한의 외침이 들리는 듯하다. 예수님보다 육 개월 빨리 세상에 태어난 세례요한은 광야에서 석청과 메뚜기를 먹고 낙타 가죽옷과 가죽신을 신고, 나중에 올 메시아를 위해 그의 길을 예비하며 "회개하라. 천국이 가까이 왔노라."라고 외치던 선지자였다. 예수님께 세례를 베풀어 그의 공생애의 삶이 펼쳐지도록 길을 예비했던 세례요한의 겸손한 모습이 애기동백꽃에서 어른거린다. 세례요한 그는 '겸손한 아름다움'의 꽃인 애기동백꽃이었다.

나는 농어촌 학생 수의 급감으로 지역에 있는 세 고등학교를 통폐합해 하나의 거점 고등학교를 세우라는 명을 받고 무안고등학교에 부임했다. 참으로 막막한 일이었다. 실업계 고등학교를 지역 중심 거점 고등학교로 만든다는 것은 여간 힘든 일이 아니다. 새로운 부지를 선정하고 그곳에 학교를 지어 신입생을 모집하는 일을 해야 했고, 인근에 있는 고등학교들과 전쟁 같은 신입생 유치작전을 치열하게 치러야 했다. 또한 대학 진학에 맞는 교육프로그램을 개발하여 진학지도에도 매진하며 차분하게 명문 학교를 위한 준비를 해야만 했다. 3년 동안 학교 신축공사를 마무리하고 첫 졸업생을 배출하지 못한 채 정년퇴임으로 나의 마지막 근무지인 무안고등학교와 작별 인사를 해야만 했다.

후임 교장이 부임하여 그해 첫 대학 진학성적이 나왔다. 기적 같은 결과였다. 소위 명문 대학인 서울대·고대·연대를 비롯하여 카이스트뿐만 아니라 지방의 우수대학에도 대거 합격한 쾌거였다. 서울대학교 경영학과에 합격한 박대환 군이 전화를 걸어왔다. “교장 선생님, 저 서울대 합격했어요.” 수화기 너머로 울먹이는 목소리가 들렸다. 얼마나 기쁘던지, “그래 우리 대환이 장하다. 축하한다.” 나도 가슴이 뭉클해졌다. 비록 내가 떠나온 학교였지만 무안고등학교가 명문 고등학교로 발돋움했다는 생각이 들어 가슴이 벅차올랐다.

오늘 아침 애기동백꽃을 보니 불현듯 세례요한과 애기동백꽃, 그리고 무안에 거점 고등학교를 세우고 말없이 떠나간 내 모습이 한참이나 겹쳐 보인다. 누구나 자신이 주인공이 되기를 원할 것이다. 그러나 다음의 누군가를 위해 길을 예비하는 일도 주인공 못지않게 중요하다는 진리를 추위에 벌벌 떨고 있는 애기동백꽃이 일러주는 듯하다.

한겨울에 피어나는 애기동백꽃, 여린 것 같지만 결코 여린 꽃이 아니다. 추위를 무릅쓰고 피어나는 강인한 꽃이다. 동백꽃을 위해 그의 길을 예비하는 겸손한 꽃이다. 남을 앞서려 하지도 않고 자신을 드러내려고도 하지 않는 성숙한 꽃이다. 지나치게 화려하지도 않고 그렇다고 무채색의 밋밋한 꽃도 아닌 매혹적인 꽃이다. 나 중심인 나르시시스트(narcissit)적인 사고로 세상을 사는 꽃이 아니라 이타적(altruistic)인 사고로 질서와 분수를 알고 타인을 배려할 줄 아는 가슴으로 피고 지는 향기 있는 꽃이다. 추운 겨울 아침에 애써 피어난 애기동백꽃이 어떤 꽃보다도 더욱 아름다워 보이는 이유다.

예수님의 미소

나는 태어날 때부터 약골弱骨이었다. 어머니는 나를 임신했을 때 돼지고기가 먹고 싶었지만, 돈이 없다는 핑계로 아버지께서 고기를 사 오지 않아 그걸 먹지 못해 얼마나 서운했는지 모른다고 말씀하시곤 했다. 내가 어려서부터 잔병치레를 자주 하고 몸이 약한 것이 그때 돼지고기를 먹지 못한 것 때문이라는 것이 어머니의 지론이다. 나는 어린 시절 등에 업혀 다닐 때도 힘이 없어 고개를 똑바로 들지 못했고, 저녁을 먹지 않고 잠자리에 들 때면 다음 날 아침에 힘이 없어 일어나지도 못했다고 했다. 어려서 자주 앓아누운 기억도 또렷하다. 그러나 초등학교에 들어가고부터는 건강을 크게 걱정하지 않았던 것 같다.

그런데 오십 대 후반이 되면서부터 건강에 이상 신호가 다시 오기 시작했다. 선천적으로 약한 체질에 인문계 고등학교의 진학지도를 하면서 과로와 심한 스트레스로 몸에 무리가 왔던 모양이다. 대상포진이 먼저 찾아오더니 위장과 장에도 위험 신호가 왔다. 위장은 위암 초기로 박막 제거 수술을 했고, 그 후유증으로 대장이 헐어 혈변이 그치지 않자 목포에서 서울까지 구급차에 실려 가 한 달 정도 서울 삼성의료원에 입원하기도 했었다. 또 지방간과 고지혈증이 있어 항상 피곤하고 땡볕에 시든 나뭇잎처럼 기운 없이 푹 처져 있었다. 간과 위장 그리고 대장이 약하다 보니 향기 그윽한 커피도, 담백한 맛의 녹차도, 감칠맛 나는 싱싱한 생선회도, 구수하고 달콤한 빵이나 국수 같은 맛있는 밀가루 음식도 그림의 떡이었다. 그 대신 거칠고 맛없는 건강식이라는 먹거리만을 골라 먹을 수밖에 없어서 삶의 질이 무미건조하였다.

정년퇴임을 하고 '지공대사'란 달갑지 않은 훈장을 얻은 후부터는 더 몸이 약해지는 기분이 들었다. 사회 활동을 하다가 갑자기 멈춰 서니 생체리듬이 교란된 모양이다. 그래서인지 약봉지가 나의 방 책장 위에 하나둘씩 늘어나기 시작했고 몸에 좋다는 건강보조식품도 줄줄이 앞다투어 들어왔다. TV를 봐도 건강식품이나 건강 프로그램 채널이 단연 으뜸이 되었다. 그렇다고 허약한 체질이 금방 건강한 체질로 바뀌는 것도 아니다. TV 화면에 소개되는 유명 맛집에서 맛있게 먹는 사람들이 그렇게 부러울 수가 없다.

삶에 있어서 가장 중요한 것이 무엇일까. 평생을 살아오면서 한때는 돈, 명예, 권력 등 세속적인 것들에 최고의 가치를 둔 적도 있었다. 그러나 돈이야 삶을 좀 편리하고 풍요롭게는 할 수는 있지만 나이 들어 건강을 잃으면 돈으로도 살 수 없는 것들이 많다는 사실도 알게 되었다. 명예도 그렇다. 젊고 팔팔할 때야 명성을 얻으면 어깨가 으쓱해지고 세상을 다 가진 것 같은 생각이 들겠지만 나이 들어 기력이 쇠해지면 그것 또한 물거품에 지나지 않는다. 권력은 또 어떤가. 화무십일홍花無十日紅이요 권불십년權不十年이라는 말이 있듯이 최고의 자리에 이르기까지 안간힘을 다해 겨우 정상에 올랐다 싶어지면 다시 내려가야만 하는 것이 세상의 이치다. 그래서 삶에서 특히 노년에 있어서 가장 중요한 것은 뭐니 뭐니 해도 건강이 제일이 아닐까 싶어진다.

최근에 위장과 대장 상태가 더 나빠지는 느낌이 들었다. 소화가 안 되고 속이 메스껍고 기력이 떨어진다. 그래서 부랴부랴 동네에서 가까운 가톨릭대학교 은평성모병원을 찾았다. 병원 1층 로비에 앉아있는 예수님상이 설치되어 있었다. 청동으로 제작된 등신상等身像이다. 오른손에는 종려나무 가지가 들려 있고 왼손은 앞을 향해 가볍게 내밀고 있다. 왼손 엄지손가락과 손바닥이 유달리 반질거린다. 로마 성 베드로성당 입구에 서 있는 베드로상의 엄지발가락이 순례자들의 손길과 입맞춤으로 닳아 반질거리듯이 이곳 예수님의 손도 많은 사람의 손을 탄 모양인지 마치 기름을 발라놓은 듯 반질거린다.

예수님상 곁에 가서 조용히 앉았다. 뒤에 놓여있는 손 소독제를 바른 다음 예수님의 손을 잡았다. 차가운 청동인 줄 알았는데 따뜻한 느낌의 무엇인가 내 몸으로 전해져 왔다. 순간 예수님께서 인자한 눈빛으로 지그시 나를 바라보시며 말씀하시길, "믿는 자에게는 능치 못할 일이 없느니라. 네가 나를 믿느냐?"라고 하시는 것 같았다. " 네 믿습니다."라고 얼른 대답했다. 잠시 침묵이 흘렀다. 열두 해를 혈루증을 앓던 여인이 생각났다. 예수님이 제자들과 함께 동네 앞을 지나가실 때 예수님의 옷자락을 만지자 앓던 혈루증이 깨끗이 나은 기적 같은 사건이었다. 난 이렇게 위장과 장이 나빠 고생을 하는데 왜 치료가 되지 않는 것일까. 예수님을 알게 된 지도 교회학교 시절부터니까 한평생을 크리스천이라는 이름으로 살아왔지만 내 병 하나 예수님의 치유 능력으로 고침 받지 못하고 살아가고 있으니 분명 나의 믿음에 어떤 문제가 있지 싶어졌다.

내가 예수님과 대화를 나누는 도중에도 몇몇 사람들이 그 앞에 서서 두 손을 모아 기도를 드리고 또는 묵례하며 지나갔다. 또 어떤 사람들은 예수님의 손을 만지며 한참 묵상에 젖기도 했다. 내가 화장실을 다녀오느라 잠시 자리를 비운 사이에 한 중년 여인이 내가 앉아있던 자리를 차지하고 예수님과 대화를 나누며 두 눈을 예수님의 눈과 마주하고 간절한 마음으로 로사리오 기도를 드리고 있었다.

예수님은 하늘나라 사역을 할 때 특히 병든 자들을 고치는 이

적을 많이 행하셨다. 예수님 말씀 한마디에 죽은 자도 살아났고, 벙어리도 말문을 열었고, 눈먼 자도 눈을 떴고, 귀신 들린 자들도 모두 치유되었다. 예수님께서는 이런 이적을 행하실 때마다 "믿음이란 바라는 것들의 실상이요, 보이지 않는 것들의 증거"라며 믿음이 있어야 한다고 강조하여 말씀하셨다.

진료 차례가 되어 담당 의사 선생님 방으로 들어갔다. 담당 의사는 검사 결과를 해독과 판독을 한 다음 약을 처방해 주었다. "약을 먹고 낫지 않으면 다시 내원하라."라고 덧붙여 당부까지 했다. 진료가 끝나고 방을 나서자 건너편에 앉아있는 예수님께서 나를 바라보며 '걱정하지 마라. 네 믿음이 널 치유하느니라.'라며 다시 빙그레 미소를 짓고 있다. 나도 예수님을 바라보며 따라 빙그레 미소를 지었다.

미얀마의 삼지례三枝禮

세 손가락 인사가 있다. 스카우트에서 삼지례三枝禮라 하여 선서와 규율을 암송할 때 서로에게 예의를 갖추며 하는 인사법이다. 서로 만나는 엄지와 새끼손가락은 세계의 모든 스카우트를 하나로 맺어 주는 결속의 뜻과 형제임을 알리는 표시이며, 앞으로 세운 검지, 중지, 약지 세 손가락은 하나님과 국가를 공경하고 이웃을 도와주며 스카우트 규율을 준수한다는 의미를 담고 있다. 신안 지명중학교 스카우트 지도 교사로서 대원 입단선서식을 할 때 야간 촛불의식 과정에서 삼지례를 했던 기억이 새롭다. 엄숙하고 숭엄한 의식이었다.

최근에 미얀마에서도 이 세 손가락 인사가 유행이다. 미상불 절규에 가까운 몸부림이지 싶다. 미얀마에서의 세 손가락 인사 방법은 스카우트 인사법과 대동소이하지만, 그 의미와 상징성에서는 결이 크게 다르다. 미얀마의 세 손가락 인사는 유명 소설을 바탕으로 한 할리우드 영화 '헝거게임' 시리즈 〈판엠의 불꽃〉에서 유래했다는 말이 있다. 영화에서 독재국가 '판엠'에 맞서 혁명을 일으킨 사람들이 주고받는 인사이자 저항의 상징이었던 이 인사법이 미얀마에서는 군사쿠데타 독재와 맞서 싸우는 시민 저항운동의 상징이 된 것이다.

며칠 전, 수원역에서 미얀마 민주화 투쟁 사진전이 열리고 있었다. 투쟁 중에 희생된 청년의 주검 앞에서 눈물을 흘리며 애도하는 의사들의 모습, 시위대 앞에서 세 손가락을 들어 올리며 절규하고 있는 어느 노파와 한 중년 남자, 진압군 앞에 꿇어앉아 시위대에게 사격을 멈춰 달라며 애원하는 수녀의 모습 등 미얀마 시위 현장의 여러 사진이 전시되어 있었다. 무성영화의 한 정지된 화면처럼 "쿠데타 반대! 독재 반대!"라는 외침이 성난 파도처럼 내 가슴으로 밀려왔다.

몇 년 전 사진동호회에서 미얀마에 갔을 때의 기억이다. 미얀마는 조용하고 평화로운 나라였다. 붉은 가사를 두른 동자승들의 아침 탁발공양에 부스스 깨어나던 조용한 나라, 전통의상 롱지를 입고 하얀 따나카를 얼굴에 바른 양처럼 순한 사람들, 이른 아침 꽃바구니를 머리에 이고 시장에 팔러 가던 맑고 고운 긴 머리 소녀들이 지금도 눈앞에 선하다. 타바코를 말며 수줍어하던 담배공장 아가씨들, 땀을 뻘뻘 흘리며 하얀 천에 물을 들이던 염색공들, 이라와디강 강가에서 스스럼없이 발가벗고 강물로 뛰어들던 천진난만한 어린 소년·소녀들과 그 탁한 강물에서도 웃으며 빨래하던 아낙네들의 모습이 한없이 평화로워 보였다. 돌부처를 정으로 쪼아 다듬고 사포로 문지르며 불심을 키우던 여인들의 모습과 해 질 무렵 우베인 다리 위를 거닐던 수도승의 모습은 미얀마에서만 볼 수 있는 평화로운 풍경이었다. 이런 모습에서 미얀마는 지상에서 꿈꿀 수 있는 이상향, 샹그릴라였을지도 모른다는 생각이 들었다.

이렇게 평화롭던 미얀마가 지금은 내전 상태다. 시위가 시작된 지 벌써 두 달, 그러나 끝날 기미는 보이지 않는다. 그렇게 선하고 평화롭던 미얀마 사람들을 무엇이 저리 분노케 했을까. 군부 쿠데타에 목숨을 걸고 대항하는 저 용기는 어디서 나오는 것일까. 그들을 향한 측은함과 절박한 동정심이 나의 가슴속에 성난 비늘처럼 일어선다. 시위대의 주검이 벌써 700명이 넘었지만, 앞으로도 얼마나 더 많은 사람이 희생될지도 모른다. 시위대를 향한 조준 사격은 두말할 것도 없고 박격포의 포격까지 자행되고 있으니 미얀마 군부의 만행이 극을 향해 치닫고 있다. 지금 미얀마는 아비규환 상태, 이것은 광주민주화 운동의 생생한 데자뷔였다.

나의 가슴을 울리게 한 큰 외침이 있었다. 태국 방콕에서 '평화와 비폭력'이라는 주제로 열린 미스 그랜드 인터내셔널 미인 대회에 출전한 미얀마 대표 레이 양이 "군부 쿠데타에 저항하는 미얀마인들을 도와주세요. 국제적 도움이 필요합니다. 군부는 무고한

국민을 향해 폭력을 멈추지 않고 있습니다."라고 눈물을 흘리며 외치는 호소가 전 세계로 방송을 통해 전파된 것이다.

광주민주화 현장에도 이처럼 절규하던 한 여인이 있었다. 민주화 투쟁이 절정에 이르던 그 날 새벽, 무거운 적막을 깨우고 메가폰을 통해 흘러나오던 날카로운 한 여인의 목소리, "계엄군이 지금 도청으로 몰려오고 있습니다. 광주시민들은 즉시 도청으로 나와 도청을 사수해 주세요. 시민군들이 다 죽어가고 있습니다." 그 다급한 절규는 날이 밝기를 숨죽여 기다리던 시민들을 더욱 공포로 몰아넣었다. 공포에 짓눌린 새벽이 잠시 침묵을 지키나 싶더니, 순간 콩 볶듯한 총성과 아우성이 한바탕 새벽 하늘을 뒤흔들고 이내 잠잠해졌다. 전남도청이 진압부대의 손에 들어갔고 저항하던 시민군들은 낙엽처럼 떨어져 군홧발에 짓밟히던 순간 광주민주화운동은 비참한 비극으로 막을 내리고 말았다. 그 후로 광주시민들은 진실을 말 못 하고 속으로 울분을 삭이며 숨죽이고 살아야만 했다. 당시 메가폰을 잡고 절규하던 그 여인은 전옥주, 광주민주화 운동 41주년이 되기 전 어느 겨울날 떨어지는 붉은 동백꽃처럼 5·18 희생자들의 뒤를 따라 저 먼 하늘나라로 떠났다.

노자는 말하기를 "무력을 사용하는 일은 반드시 보복을 부른다. 무력을 남용한다면 결국 자신이 그 결과를 받을 것이다. 무력으로 일어서는 자는 반드시 무력에 의해 스스로 멸망하게 된다.

자멸을 초래하고 말 것이다."라고 했다. '칼로 흥한 자 칼로 망한다.'라는 말일 것이다. 민주적인 선거 결과를 무시하고 군사쿠데타로 권력을 찬탈하려는 미얀마 군부는 깊이 새겨들어야 할 일이다.

민주와 자유 그리고 평화를 위해 길거리로 나서 싸우고 있는 미얀마 시위대와 함께 나도 세 손가락을 높이 들어올리고 싶다. 아까시 꽃향기가 그윽한 봄의 한가운데서 하루속히 '미얀마의 봄'을 되찾아 평화로웠던 그 사람들의 환한 미소를 다시 보고 싶은 마음으로 두 손을 모은다.

뿌리(Roots)를 찾아서

경주 입구에는 오릉이라는 왕릉이 있다. 대릉원 천마총처럼 세상에 널리 알려지지 않은 능이지만 나에게는 큰 의미가 있는 왕릉이다.

이번 경주 방문에는 특별히 오릉을 찾았다. 지난겨울 외손녀 '황서휘'와 주고받던 이야기가 생각나서다. 그때 외손녀에게 신라 시조 박혁거세에 관한 이야기를 해주었더니 이야기책에서 읽어 알고 있다고 했다. 구체적으로 "박혁거세가 너와 무슨 관계가 있는지 아니?"라고 다시 묻자 그저 알에서 깨어난 신라 시조 왕이라는 이야기만 되풀이했다. 하여 "너의 외할아버지인 내가 박혁거세 왕의 71세손이며 너의 엄마는 72세 왕손의 후예란다."라고 했더니 초등학교 3학년인 외손녀가 올빼미 눈만큼이나 눈을 동그랗게 뜨고서 "그러면 엄마가 왕족이네요."라며 화들짝하는 것이다. 후에 들은 이야기지만 외손녀는 학교 친구들에게 엄마가 박혁거세 왕의 후손이라고 입이 마르도록 자랑하고 다녔고, 또 자기 엄마에게는 자기는 '황'씨 안하고 '박'씨 할 거라고 우기더라는 것이다. 이 이야기를 듣고 한참이나 웃었다. 박혁거세의 후손인 엄마를 그리 자랑스럽게 여기던 외손녀에 비하면 경주에 몇 번 들렀으면서도 시조始祖가 묻혀있는 오릉을 한 번도 찾아 뵙지 못한 내 자신이 부끄럽기 짝이 없었다.

족보에 따르면 나는 박혁거세의 71세손으로 밀양 박씨密陽朴氏 규정공파糾正公派 후손이다. 나로부터 거슬러 항렬을 따라 올라가면 조상들의 이름이며, 벼슬과 관직 그리고 묻혀있는 묘지 장소까지도 세세히 알아볼 수 있다. 아마 우리나라의 족보는 세계 어디에 내놓아도 손색이 없는 최고의 기록문화가 아닌가 싶다.

미국 흑인 작가 알렉스 헤일리(Alex Haley, 1921~1992)의 소설 《뿌리》를 읽은 적이 있다. 자서전 대필 작가였던 그는 어려서 할머니에게서 들은 조상들에 관한 이야기를 중심으로 자신의 이야기를 쓰고 싶었다. 조상의 자료를 수집하기 위하여 전국에 있는 도서관을 뒤졌고 자신의 족보를 추적하는 과정에서 등장하는 사람들이나 그 후손들을 만나기 위해 전국을 찾아 돌아다니기도 했다. 심지어는 조상들이 살았을 것으로 추정되는 아프리카 감비아를 찾아가 조상에 관한 정보를 수집하기도 했다. 조상들이 백인들에게 붙잡혀 노예선에 실려 왔음을 알고 미국에 돌아올 때는 그 조상들의 심정을 이해하기 위해 배를 타고 오기도 했다. 그는 자신이 수집한 자료를 옛 조상 7대조 할아버지 쿤타킨테의 입장에서 그 심정을 노트에 기록, 정리함으로써 소설 《뿌리》를 써 내려갔던 것이다. 피나는 인고와 각고 끝에 자기 뿌리를 찾았을 때의 기쁨이 얼마나 값지고 컸을지 생각만 해도 가슴이 뭉클해진다.

경주 오릉은 경주 시내 서남쪽에 있는 봉토무덤封土墳 4기와 표형봉토무덤瓢形封土墳 1기로, 신라 시조 박혁거세왕과 2대 남해왕, 3대 유리왕, 5대 파사왕 등 신라 초기 4명의 박씨 임금과 박혁거세의 왕후 알영왕비閼英王妃의 무덤이 모셔져 있는 곳이다.

오릉은 주위에 노송들이 빙 둘러서 있어 마치 궁궐 외전外殿을 연상케 한다. 아름드리 소나무들은 임금 앞에 선 신하들이 예를 갖추어 서 있는 것처럼 한결같이 무덤을 향해 고개를 숙이고 있다. 나도 오릉의 소나무들처럼 예를 갖추어 옷깃을 여미고 머리를 숙여 잠시 묵념에 잠겼다. 2천 년 전의 조상 무덤 앞에 서니 감개무량하다. 그 옛날 신화 속에서 시작된 작은 물줄기 하나가 오늘까지 흘러내려 내게 그 명맥을 잇게 하고 또 나로 하여금 먼 훗날의 작은 물줄기로 흐르게 하나 싶어 숙연해지기도 했다. 오릉의 무덤들은 마치 어머니의 젖가슴만큼이나 그 선이 부드럽고 포근하게 다가온다. 편안한 어머니의 품 같은 느낌은 어인 일일까.

오릉을 돌아 오른쪽으로 들어서니 박혁거세의 왕비 알영이 태어난 우물 알영정閼英井이 있고, 그 앞에는 혁거세왕의 신위를 모신 숭덕전崇德殿이 자리를 잡고 있다. 인적이 없어 무거운 침묵만이 흐르고 있을 뿐이다. 숭덕전은 제향을 지내는 곳으로 평소에는 개방하지 않으며 입구부터 올라서는 길은 신도神道라며 발을 들여놓는 것까지도 금기시하고 있다. 엄숙하고 신성하다. 감히 범접할 수 없을 것 같은 적막함이 흐른다.

혁거세는 우물가에 말이 엎드려 있던 자리에서 발견된 알에서 태어났고, 알영은 우물가에 닭처럼 생긴 용의 겨드랑이 밑에서 태어났으니 우리 조상들은 신화 속의 존재들이 아닌가. 신라 건국 신화의 주인공이었던 혁거세와 왕후 알영부인의 후손인 나의 정체성은 도대체 무엇인가. 그래도 이렇게 시조 앞에서 자신의 정체성에 대한 사색에 빠질 수 있는 것은 잘 정리되어 전해 내려오는 우리 족보 때문이 아닌가 한다.

요즘 우리나라에서는 페미니즘 운동이 한창이다. 여성의 권리를 찾고 남성과 평등한 세상을 만들고자 하는 운동이다. 그래서 고위공직자들을 임명할 때는 일정 비율로 여성을 할당하기도 한다. 모든 자녀가 동등한 비율로 부모의 상속받을 권리도 부여받았다. 장남이니 차남이니 출가 외인이라는 말도 사라진 지 오래다. 남존여비니, 남아선호 사상이니 하는 구시대적인 관습도 이제는 낯선 이야기가 되었다.

그럼에도 불구하고 페미니즘을 주창하는 가운데 자녀를 낳으면 전통적으로 부의 성을 따르던 것을 앞으로는 부부 협의하에 부성을 따르든 모성을 따르든 결정해야 한다는 법을 여성가족부가 준비 중이다. 성까지 전통을 따르지 않고 바꾸고자 하는 것이 진정한 페미니즘운동일까. 오랜 역사와 전통을 지켜 오고 있는 우리 족보문화에 심각한 혼돈이 초래되지 않을까 염려스럽다. 후손들의 정체성마저 흔들릴 것 같은 걱정이 앞서는 것이다.

조상들의 DNA를 물려받아 내가 존재하고 또 다음 세대에게 DNA를 물려줌으로써 대를 이어가는 우리의 뿌리문화를 객관적으로 기록, 보존해 왔던 것이 바로 우리 족보이고 보면 지나친 주장을 하는 페미니즘도 섣부른 점이 있지 않은지 돌이켜 볼 일이다. 다음 경주를 방문할 때는 뿌리의 소중함을 일깨워 줄 수 있도록 손자·손녀들 모두 함께 오릉을 찾아와야겠다.

해바라기

우리 집 거실 식탁 위에는 해바라기 유화 한 점이 걸려있다. 여덟 개의 노란 해바라기 꽃송이가 예쁜 화병에 담겨 사이좋게 얼굴을 맞대고 환하게 웃고 있는 그림이다. 해바라기 그림을 집에 걸어두면 부와 행운이 들어온다는 항설巷說 때문인지 아내의 학창시절 친구가 손수 그린 해바라기 그림을 집들이 때 가져와 걸어주었다. 의미 있고 정성이 가득한 선물이 아닌가. 식탁에 앉아 식사를 할 때마다 그림을 바라보면 내 마음도 활짝 핀 해바라기처럼 환해진다.

해바라기는 그리스 물의 요정 클리티아(Clytia)가 사랑을 배신하고 마차를 몰며 하늘을 나는 태양의 신 헬리오스(Helios)가 다시 자기에게 돌아오기를 간절히 기다리며 바라보다가 그만 지쳐 쓰러져 죽어 해바라기가 되었다는 애절한 전설이 있다. 절절한 사무침은 꽃이 되나 보다. 달을 기다리다 꽃이 되어버린 슬픈 달맞

이꽃이나, 이루지 못할 사랑의 애절함으로 피어난 상사화, 사모하는 사람을 담장 너머로 바라보다 꽃이 되었다는 처연한 능소화처럼, 태양만을 바라보다 꽃이 되어버린 가련한 해바라기도 같은 운명의 꽃이지 싶다. 하여 오매불망 사모하는 태양이 지구로 가까이 다가오는 뜨거운 여름이 오면 해바라기는 기다렸다는 듯이 활짝 꽃으로 피어나는 것이리라.

우리 집 뒤꼍 장독대 뒤에는 해바라기가 줄지어 서 있었다. 쑥쑥 자라는 해바라기는 모두가 한 방향으로 고개를 향했다. 우향우! 좌향좌! 논산 신병훈련소 훈련병들마냥 누군가의 구령에 따르듯 아침부터 저녁까지 같은 방향을 바라보았다. 태양이 하늘에 떠있는 맑은 날에도, 구름에 가려 흐린 날에도, 비가 오거나 바람이 불어 궂은날에도 해바라기는 열병식 하는 병사들이었다. 향일성이라 했던가. 다른 꽃에 비해 유달리 태양만을 바라보는 꽃은 오롯이 해바라기뿐이었다.

우주에는 해바라기처럼 오로지 태양만을 바라보며 살아가는 별들도 있다. 수성, 금성, 지구, 화성, 목성, 토성, 천왕성, 해왕성, 명왕성이라는 별들이다. 이들은 태양의 치마폭에서 벗어나지 못하고 그의 주위를 빙빙 돌며 살아간다. 이들을 태양계라 부른다. 그러고 보면 태양만을 바라보는 속성으로 보아 해바라기도 태양계의 한 족속이 아닐까.

사람들은 민들레를 일편단심 꽃이라고들 말한다. 그러나 오로지 한곳으로 향한 마음으로 해바라기에 견줄 수 있을까. 한 번만 마음 주면 영원히 변치 않는 일편단심의 꽃은 해바라기다. 태어나면서부터 죽을 때까지 태양만을 바라보며 그의 행적을 한순간도 놓치지 않고 따라가는 해바라기야말로 지고지순한 사랑의 화신이 아닐까 한다.

남산타워 난간에는 수많은 자물통이 걸려있다. 영원히 변치 말자는 약속일 터이다. 그 수많은 사랑을 맹세한 자물통들, 그 약속을 그대로 지키는 사람들이 얼마나 될까. 굳게 맹세한 사랑도 헌신짝 버리듯 하는 요즘 세태로 보면 그들 중 변심한 사람들도 많을 것이다. 또 다른 사람과 손잡고 남산에 올라 사랑 맹세를 하고 다른 자물통을 걸었을지도 모를 일이다. 해바라기는 인간들의 가벼운 이런 변심을 무어라 말할까. "그래, 인간이 다 그렇지 뭐. 그들이 진정한 사랑이 무엇인지 알겠어."라고 삐죽거릴 것만 같다.

수많은 노란 꽃 중에 해바라기만큼이나 가슴에 와닿는 꽃도 없다. 다른 꽃에 비해 해바라기는 붉은 장미처럼 고혹적인 것도 아니고 라벤더처럼 향기가 고매한 것도 아니다. 어쩌면 껑충 큰 키에 꽃 하나 달랑 머리에 이고 보릿대춤을 추는 듯 멋쩍게 보일지도 모르지만, 태양을 향한 순수한 열정과 변함없는 사랑 때문에 해바라기는 '일편단심'의 상징으로 사람들의 가슴속에 깊이 자리하고 있는 것일 게다.

빈센트 반 고흐는 이런 해바라기를 즐겨 화폭에 담았다. 노란색을 유달리 좋아했던 고흐. "태양과 햇빛을 나는 달리 표현할 수 없어 노란색, 옅은 유황색, 연한 황금색, 레몬색이라 부른다. 이 얼마나 아름다운 색인가." 그는 바로 해바라기에서 태양의 색을, 태양의 속성을 발견한 것이다. 생명의 시원인 태양이 바로 해바라기를 통해서 그의 눈에 투영된 것이리라. 프랑스 남부지방 아를에서 그가 살던 집도, 그가 잠자던 방도, 화폭의 배경 색깔도, 그 속에 그려진 해바라기도 태양의 색 노란색으로 한결같았다. 가슴속 깊이 이글거리는 열정과 꿈틀거리는 삶에 대한 욕망을 예술로 승화시켜 화폭에 노란 해바라기로 담아낸 것이리라. 옛 잉카인들이 태양을 신으로 받들고 해바라기를 신의 아들로 숭상했던 것처럼 아마 그도 해바라기를 태양의 아들로 숭배하지 않았을까.

살아오면서 해바라기처럼 누군가를 죽도록 사모해 본 적이 있었던가. 뜨거운 열정으로 진리를 추구하며 갈구해 본 적이 있었던가. 영혼을 위해 밤새 울부짖으며 뜨거운 기도를 해본 적이 있었던가. "심령이 가난하고, 의에 주리고 목마른 자"는 복이 있다는데 갈급한 심정으로 세상을 살아 본 적이 있었던가. 해바라기가 죽비가 되어 내 등짝을 힘껏 내리친다.

태양을 사모하는 해바라기. 자라서 꽃이 피고, 열매를 맺고 결국 사위어 가는 해바라기의 한 생애는 시작과 끝이 없는 우주 질서의 성스러운 한 과정이다. 혹자는 모든 물상의 종착점은 무화無化라고들 하지만 해바라기의 죽음은 무화가 아니라 새로운 생명의 탄생이다. 희망이다. 해바라기가 그토록 태양을 흠모하는 것도 바로 새로운 생명의 탄생이라는 우주의 본질을 갈구해서일 것이다.

식탁에 앉아 벽에 걸려있는 해바라기를 바라본다. 해바라기를 사랑하는 아내의 친구도 빈센트 반 고흐처럼 열정과 그리움을 가슴속으로 삭이며 저 해바라기를 그렸을 것이다.

가평 자라섬에는 올해도 해바라기가 피어났을까. 영혼의 꽃 해바라기는 뜨거운 감정으로 태양을 향해 소리 없는 함성을 외칠 것이다. 영원히 당신만을 사랑한다고. 그리워한다고……. 지금쯤 해바라기가 무리지어 피어나 있을 자라섬으로 카메라를 메고 떠나고 싶다.

메아리

어린 시절, 뒷동산 꼭대기에 올라 두 손을 모아 입에 대고 소리를 지르곤 했었다. 그러면 은은하게 울려 퍼지는 새벽 종소리처럼 방금 지른 소리가 잠시 후 되돌아와 여운을 남기며 점점 사라져 갔다. 소리를 지를 때마다 항상 대답해 주는 산울림이 신기하고 고맙기도 해서 더욱더 소리를 지르곤 했었다. 울려 퍼져가던 소리가 산이나 절벽에 부딪혀 되울려 오는 소리, 그 소리를 메아리라 부른다.

그리스 신화에도 메아리에 관한 이야기가 있다. 에코(Echo)라는 요정이 나르키소스(Narcissus)라는 미남 청년을 사모하였으나 끝내 거절당하자 비통한 나머지 몸이 여위어 마침내 흔적도 없이 사라져버렸다. 그러나 연인의 이름을 애타게 부르는 그 소리만은 그대로 남아 산속 깊은 곳에 숨어있다가 자기를 부르는 사람이 있으면 언제나 대답하는데 그 소리가 메아리라고 한다. 그래서 메아리를 그리스 신화 요정 이름을 따 에코라고도 부른다.

초등학교 시절 어깨와 겨드랑이 사이에 대각선으로 책보를 묶고 재 넘어 산길을 따라 동요 〈메아리〉를 부르며 학교에 다녔던 기억이 새롭다.

> 산에 산에 산에는 산에 사는 메아리/ 언제나 찾아가서 외쳐 부르면 반가이 대답하는 산에 사는 메아리/ 벌거벗은 붉은 산엔 살 수 없어 갔다오
>
> 산에 산에 산에다 나무를 심자/ 산에 산에 산에다 옷을 입히자 메아리가 살게시리 나무를 심자

이 노래는 유치환 선생님이 작사하고 김대현 선생님이 작곡한 동요다. 한국전쟁 후 벌거벗은 산에 나무를 심어 푸른 산을 가꾸자는 일종의 산림녹화를 독려하기 위한 계몽 동요였을 것이다. 등하교 때 동요 〈메아리〉를 목에 핏대를 올려 부르며 걷는 산길은 마냥 즐겁기만 했었다.

그러나 요즘엔 산에 가도 메아리 소리를 별로 들을 수 없다. 산에 메아리가 살 수 없어 사라진 것일까. 산을 오르는 사람들이 예전처럼 소리를 지르지 않는 탓도 있겠지만, 그보다는 다른 더 큰 원인이 있지 않나 싶다. 울려오는 음파를 빽빽이 우거진 숲이 흡수해 반사되는 음파가 줄어들 뿐만 아니라, 음파의 진행을 방

해하는 오염 물질들이 대기 중에 많아 음파 감쇠현상이 높아졌기 때문일 것이다. 옛적에 하늘이 파란 날, 민둥산에 올라 작은 소리를 질러도 잘 들려오던 산울림이 요새는 더 큰 소리를 질러도 들리지 않는 것으로 미루어 보아 그리 짐작해 볼 수 있는 일이다. 그렇다면 동요작가 유치환 선생님은 아이들에게 거짓말을 한 셈이다. 민둥산에 나무를 심어 메아리가 숲에 살도록 하자는 그의 동요 〈메아리〉의 가사 말이 과학적인 근거와는 거리가 먼 것 같아서다.

메아리는 일종의 되울림이다. 이런 되울림 현상이 어찌 산에 사는 메아리뿐이겠는가. 우리의 의식 속에도 이런 현상들이 남아 있다. 살아가면서 문득문득 지난날의 추억들이 떠오른다. 좋아했던 사람들, 행복했던 순간들, 때로는 감명 깊게 읽었던 시나 영화도 있다. 다시 가보고 싶은 잊을 수 없는 명소들도 있다. 까마득히 잊힌 지 오랜 줄 알았던 순간들이 스멀스멀 떠오르는 것은 추억도 메아리처럼 무의식 속 어딘가에 깊이 숨어있다가 어느 순간 되살아나 여름밤 마당에 지핀 모깃불 연기처럼 모락모락 피어오르는 것이다.

감수성이 예민했던 중학교 시절에 즐겨 낭송했던 박인환 님의 시 〈세월이 가면〉은 홀로 외로울 때 불현듯 떠올라 푸르던 지난날들을 되살아나게 한다. 해 질 무렵 창가에 앉아 무념에 잠긴 채 허심虛心에 들면 노을이 붉게 물든 강진만 언덕에 자리 잡은 전통 찻집 '도향'에 앉아 바다 건너 백련산 자락 다산초당을 바라보며 그윽하게 마시던 솔잎차 향이 모닥불 연기처럼 아슴아슴 피어오른다. 고향이 그립고 옛 친구들이 그리울 때면 유달산 일등바위에 올라 내려다보였던 초라한 목포 시내의 졸리는 듯 가물가물한 야경과 어스름한 밤하늘 아래 펼쳐진 다도해의 고즈넉한 풍경들이 눈앞에 파노라마처럼 펼쳐진다. 기억 속에 숨어있는 울림들이다. 상념想念의 메아리들이다.

요즘 과거에 했던 말들이 메아리가 되어 사회에 큰 파문을 일으키는 사람들이 있다. 노자의 '제물론齊物論'에 대지의 퉁소 소리地籟에 대한 메타포가 새롭다. "휘~ 하는 바람 소리에 높고 깊은 산의 숲이 심하게 흔들리면 백 아름이나 되는 큰 나무들의 크고 작은 구멍들에서 제각각 물 흐르는 소리, 화살 나는 소리, 화를 내며 꾸짖는 소리, 숨을 들이마시는 소리, 크게 외치는 소리, 울며 통곡하는 소리, 탄식하는 소리 등 온갖 소리를 낸다."라는 말이다. 한번 내뱉은 말이 어디엔가 잊힌 듯 숨어있다가 바람이 불면 고목나무 구멍에서 소리가 나듯이, 문제의 언행들이 되살아나는 것이다. 과거에 했던 말들이 영상이나 카톡, 문자, 페이스북 등 SNS를 통해서 생생하게 되살아나 전과 달리한 말 때문에 사회에 큰 파장을 불러일으키고 있다. 이런 말 바꾸기 행태를 외국 언론들까지도 '내로남불'이라며 한국 정치인들의 말 바꿈을 비아냥거리고 있다. 내가 하는 말 한마디 한마디가 어디엔가 숨어있다가 언제 메아리가 되어 되돌아올 줄 모르는 세상이다.

말 한마디도 조심해야 하는 요즘 각박한 세상을 살다 보니, 어린 시절 산에 올라 마음껏 메아리를 외쳐 부르던 시절이 그리워진다. 맑은 메아리를 외쳐 불러보고 싶다. 산에 올라 두 손 모아 '야호~~!'라고 속시원히 소리 한번 질러보고 싶다. 산 계곡에 울려 퍼지던 신비롭고 정다웠던 그 메아리 소리를 다시 들어 보고 싶다.

인사동 엘레지

가을을 타는 것일까. 오늘은 수필 공부가 끝난 후 혼자 걸었다. 인사동 입구에 있는 은행나무의 노란 단풍잎들이 바람이 불 때마다 우수수 떨어져 길거리에 흩날린다.

지난해 이때쯤 사진동호회 전시회가 끝나고 돌아가는 길이 왜 그리 허전하고 쓸쓸하기만 했던지. 경인미술관 앞마당 목련나무 잎이 노랗게 물들어 하나둘씩 떨어지는 것을 보자 친구 생각에 그리움이 울컥 밀려왔다. 그 친구는 벌써 십오 년 전 낙엽 따라 가버린 지 오래다. 오늘 친구가 그리워 "금홍아!" 하고 하늘을 향하여 이름을 불러보았지만 내 목소리만 허공에 흩어질 뿐 친구는 아무 대답이 없다.

그는 인사동을 무척 좋아했던 나의 학창시절 친구였다. 인사동이 좋아 옆 동네 혜화동 고택에서 살았다. 시를 좋아하고, 창을 좋아해 몇 곡쯤은 멋들어지게 뽑을 줄도 아는 한량이었다. 가야

금도 좋아해서 가끔은 국악 공연장을 찾기도 하고, 푸르스름하게 녹슨 놋그릇과 쇠붙이 장식품 그리고 수묵화도 좋아해 골동품점을 자주 드나드는 우리 것의 멋을 아는 친구였다. 인사동 고택들이 하나둘씩 사라지고 콘크리트 건물들이 들어설 때마다 우리 것이 다 사라져 간다고 가슴 아파했던 친구였다. 내가 서울에 올라올 때면 그 친구는 항상 이곳 인사동으로 날 데려왔다. 고향 맛을 잊지 못해 인사동 뒷골목 홍어집에서 삼합에 동동주를 마시며 밤늦은 줄도 모르고 놀아주던 친구였다.

친구와 함께 차를 마시던 찻집 '귀천歸天' 한 모퉁이, 그 자리에 앉았다. 한참을 둘러보았지만 모두 낯선 얼굴들뿐이다. 군중 속의 고독이란 이런 것일까. 친구 생각에 젖어 망연히 앉아있던 순간 벽에 걸려있는 천상병 님의 시 〈행복〉이 눈에 들어왔다. 평범한 일상에서 행복해할 줄 아는 시인의 마음이 몹시 부럽다.

귀천, 하늘로 돌아간다는 뜻이 아닌가. 결국은 이 세상의 생명이 있는 모든 것들은 죽음이란 통로를 지나 본향으로 돌아감을 말함이리라. 이별을 뜻함이리라. 허전한 마음을 따뜻한 모과차 한 잔으로 채우고 찻집을 나섰다.

불어오는 바람에 낙엽들이 나부낀다. 내가 나무가 되고 나와 연을 맺은 모든 것들이 낙엽이 되어 떨어져 간다. 나뭇가지 끝에 매달려 바람에 바르르 떨고 있는 저 마지막 잎새도 어느 순간 떨어지겠지. 하나 둘씩 멀어져 가는 사랑했던 사람들, 영영 세상을 떠나간 그리운 친구들……. 어쩌면 내 생의 가을도 저리 깊어져 가는 것은 아닐까. 깊어 가는 가을과 함께 인사동 가을도 깊어만 간다.

무용지용의 변

양평 두물머리에는 할아버지 고목이 유장하게 흘러가는 한강물을 바라보며 말없이 서 있다. 탐조용 카메라 렌즈들이 이 고목 중간쯤 나뭇가지에 나란히 앉아있는 솔부엉이 새끼 두 마리에 초점을 맞추고 어미 새가 나타나기를 기다리고 있다. 구새먹은 고목 둥지에서 깨어나 이소離巢 준비를 하고 있는 새끼들과 어미 새의 육추育雛 모습을 찍기 위해 사진작가들이 노심초사 잠복 중이다. 올해도 어김없이 두물머리 할아버지 고목은 솔부엉이가 둥지를 틀고 새끼를 부화하도록 아낌없이 몸을 내주었나 보다.

이 고목은 수령이 400년이 훨씬 넘어서인지 나무 밑둥치부터 구새먹어 속이 텅 비어있다. 마치 치아가 없는 노인이 임플란트를 심어 튼튼한 이가 있어 보이듯 이 고목도 외과수술을 받아 겉으론 튼실해 보이지만 기실 속이 텅 비어 큰바람이라도 불면 언제 넘어질지도 모를 속이 허한 고목이다. 이런 고목도 한때는 멋진 로맨스가 있었다지 않은가. 팔당댐이 건설되어 수몰되기 전에는 아랫동네에 할머니 고목이 있어서 서로 오순도순 속삭이던 사이였다지만 할머니 고목이 물에 잠겨 영영 돌아오지 못하자 할아버지 고목은 홀로 남아 외롭게 살아가는 신세가 되었단다. 할아버지 고목이 저렇게 속이 썩어 텅 빈 것도 이별의 깊은 상처가 가슴앓이로 남았기 때문이 아니었을까. 마을 사람들은 이 고목나무 제단 아래 제물을 정성껏 차려놓고 매년 제사를 지낸다. 마을의 안녕뿐만 아니라 홀로 된 할아버지 고목과 먼저 간 할머니 고목의 혼령도 함께 위로하는 일종의 당산제堂山祭를 올리는 것이다.

할아버지 고목은 어떤 인연에도 미련을 두지 않는다. 그의 품안 둥지에서 태어난 새 생명이 철 따라 떠나가도 어느 것 하나 붙들지 아니하고 묵묵히 지켜볼 뿐이다. 고목이라고 어찌 낳은 정 기른 정이 없겠는가. 그러나 이 고목은 자연의 순리에 따라 모든 것을 운명에 맡기고 담담히 살아가는 순명順命의 도리를 따른다. 자연의 순리를 따르는 것, 이것이 바로 우주의 기본 질서가 아니겠는가.

두물머리는 북한강과 남한강 물줄기가 하나가 되어 언제 남남이었나 싶게 서로 뒤섞여 다정스레 속살거리며 흘러가는 곳이다. 봄이면 철새들이 날아와 둥지를 틀고 한겨울에 찾아왔던 고니들은 고향을 찾아 떠나가는 곳, 여름이면 백련, 홍련, 수련들이 제각각 매혹적인 빛깔과 고혹적인 향기를 머금어 피어나고 연밭 이곳저곳에서 개개비가 목청껏 울어대는 곳, 가을이면 이른 아침 물안개가 모락모락 피어올라 멀리 뱀섬이 아른거리고 새벽녘에 수종사 종소리가 은은하게 들려오는 곳, 겨울이면 눈 덮인 하얀 강위로 노루·고라니들이 뛰놀고, 꽁꽁 얼어붙은 얼음장 밑에서는 물고기들도 숨죽이고 봄을 기다리는 곳, 이곳에 할아버지 고목이 점 하나를 찍어畵龍點睛 두물머리를 아름다운 절경으로 완성하는 것이다.

무용지용無用之用란 말이 있다. 쓸모없는 것이 쓸모가 있다는 역설적인 말이지 싶다. 썩은 고목은 목재로서의 가치가 없다. 집을 지을 대들보나 기둥감도 될 수 없고, 배를 짓는 데 쓰이는 합판으로 켜 쓸 수도 없다. 더욱이 고급 가구 목재로는 얼토당토않다. 나무가 실용 가치가 없으니 기껏해야 화목火木감 정도일 뿐이다. 그러나 한 고목으로 인하여 두물머리가 완성된 하나의 작품이 되는 것은 고목의 쓸모없음이 쓸모있음으로 인해서가 아니겠는가.

101세를 살고 있는 김형석 교수님이 계신다. 우리나라의 최고원로 철학자로 모든 국민들의 존경을 받는 어른이시다. 중학교시절, 그분께서 우리 학교를 방문하셔서 목포 양동교회 강당에서 채플 강의를 해주셨던 기억이 난다. 지금으로부터 55년 전, 교수님은 40대 후반의 나이였을 것이다. 그분의 강의에 깊은 감명을 받아 그분의 글을 좋아하게 되었다. 젊은 시절 본인의 철학과 삶의 경험을 토대로 철학적 성찰과, 행복, 고독, 사랑, 죽음 등 인간이 살면서 늘 마주하게 되는 주제와 소회를 담은 그분의 수필집 《영원과 사랑의 대화》는 그때 감명 깊게 읽은 책이다. 그 후에도 《어머니의 가슴에 사랑이 흐른다》, 최근에는 《예수》, 《백년을 살아보니》 등 그분의 책을 읽으면서 삶의 지혜를 가슴에 새기며 살아오고 있다. 신앙심이 흔들리고 삶의 가치판단이 흐려질 때면 그분의 말씀을 사유하며 중심을 잡아가기도 한다. 그런데 이 원로 노교수님을 비난하고 나선 한 젊은이가 있다. 현 정부의 실정을 나무란 교수님을 향해 "이래서 오래 사는 것이 위험하다. 사람의 적정 수명은 80이다."라는 막말을 쏟아 낸 것이다. 이 젊은이의 주장대로라면 나도 적정 나이가 앞으로 10여 년 정도밖에 남지 않았지 싶어서 마음 한구석이 씁쓸해진다.

사람의 가치를 꼭 나이의 많고 적음으로만 판단할 수 있는 일인가. 나이가 젊어도 사고방식이 늙은이 같은 이가 있고, 나이가 늙었어도 세상을 보는 눈이 젊은이보다도 더 젊은 이도 있지 않은가. 두물머리 할아버지 고목처럼 사람도 나이 들어 쓸모없어 보이지만 그래도 다 쓸모가 있는 법이다. 아프리카 속담에 "노인 한 사람이 죽으면 도서관 하나가 불타는 것과 같다."라는 속담이 있듯이 노인의 경험이나 지혜를 소중히 여김은 예로부터 강조되어 온 다 아는 사실이 아닌가. 그런데도 그 젊은이는 노인을 무용지용無用之用이 아닌 무용지물無用之物로 여기고 있어 노인들의 마음에 깊은 상처를 주고 있지는 않은지 돌이켜 볼 일이다.

나는 두물머리에 출사를 나가면 사진 속에 주피사체로 할아버지 고목을 항상 담는다. 두물머리 사진 속에 이 고목이 빠지면 어쩐지 사진이 허전해 보여서다. 없어서는 안 될 꼭 필요한 존재, 나이가 들어도 그런 존재로 남고 싶다. 두물머리 할아버지 고목처럼 무용지용의 아름다운 모습으로 오래오래 기억되고 싶다.

트로트 유감

내 나이 예닐곱쯤이었을 것이다. 우연치 않게 트로트를 대중 앞에서 부르게 되었다. 노랫말의 뜻을 알지도 못하면서 그저 가락과 멜로디의 감성에 젖어 열심히 불러 칭찬을 받았던 기억이 난다.

그때는 떠돌이 약장수들이 동네에 들어와 공터에 천막을 치고 약을 팔던 시절이었다. 이들은 약만 파는 것이 아니라 이동식 스피커를 설치해 놓고 노래와 만담으로 동네 사람들을 위해 즐거운 굿판을 벌이기도 했다. 노래를 부르다가 중간중간 약을 팔았다. 그때 가장 인기 있었던 약이 아마 회충약이 아니었나 싶다. “이 약 한번 먹어봐! 이 약으로 말할 것 같으면 뱃속에 들어있는 회충 요충 촌충 십이지장충 등 충이라는 충은 몽땅 빠져 버려. 자 어서 빨리빨리 사드라고. 이때 안 사면 영영 못 살 것이여. 떠난 뒤에 후회하지 말고 …….” 약장수의 익살맞은 사설에 혹해서

순박한 시골 사람들은 그 약을 샀었다. 나도 엄마가 사 들고 온 그 회충약을 먹고 큰 효험을 본 적이 있다. 약을 한바탕 팔고 나서는 동네 사람들에게 노래를 시키기도 했다. 우연히도 맨 앞자리에 앉아있던 내가 끌려 나가 노래를 하게 된 것이다. 처음에는 부끄러워 빋대며 망설였으나 동네 사람들이 떠미는 바람에 어쩔 수 없이 나가 노래를 부르게 되었다. 그때 한 노래가 남인수 선생의 〈비 내리는 호남선〉이었다.

> 목이 메인 이별가를 불러야 옳으냐/ 돌아서서 피눈물을 흘려야 옳으냐/ 사랑이란 이런가요 비 내리는 호남선에/ 헤어지던 그 인사가 야속도 하더라

내가 이 노래를 어떻게 배웠는지는 기억이 잘 나지 않는다. 아마 우리 동네 아재들이 부르는 것을 어깨너머로 듣고 배웠지 싶다. 도회지 물을 먹고 돌아온 이들은 밤마다 동네 사랑방에 둘러앉아 막걸리에 취해 상을 젓가락으로 두들기며 이 노래를 불렀다. 동네 아재들이 이 노래를 왜 그리도 목이 터져라 불렀는지 지금도 궁금하다. 나중에 들어 안 이야기지만 대통령 후보로 나선 해공 신익희(1894-1956) 선생이 호남 유세차 열차를 타고 가던 중 졸지에 의문사한 것과 가난한 호남인들의 한 때문이었을 거라고도 했다. 아니 도회지 생활에 적응하지 못하고 귀향한 자신들의

처지를 이 노래로 달랬는지도 모른다.

그 뒤로 난 초등학교에 들어가서 동요를 배웠다. 윤극영 선생의 〈반달〉, 홍난파 선생의 〈고향의 봄〉, 박태준의 〈오빠 생각〉, 박재훈의 〈어머님 은혜〉, 이홍렬의 〈섬집 아기〉 등 담임 선생님의 풍금 소리에 맞추어 노래를 부르면 동요 속에 흠뻑 빠져 슬프기도 했고, 때론 동화 속을 걷는 듯 가슴이 뛰기도 했다. 그 후 한참 뒤에 발표된 김공선의 〈과수원길〉도 우리 아이들과 즐겨 부르던 동요였다. 지금도 이 동요를 부르면 고향 생각이 문득문득 떠오르곤 한다.

중·고등학교 시절에는 주로 가곡을 배웠다. 김동진의 〈가고파〉, 김순애의 〈사월의 노래〉, 박태준의 〈동무 생각〉 그리고 홍난파의 〈봄처녀〉 등 주옥같은 우리 가곡을 대머리 음악 선생님의 피아노 연주에 맞추어 부르면 감성에 북받쳐 눈물이 나기도 했다.

대학시절, 유신군사독재하에 항거하며 시국이 어수선하던 시절이었다. 그 1970년대 초, 청바지와 통기타 문화가 휩쓸던 시절, 설움에 젖어 〈아침이슬〉을 목놓아 불렀고, 윤형주, 김세환 등이 부르던 포크송에 흠뻑 젖어 청년시대의 감정을 노래로 달래며 살았다. 지금 돌이켜 보니 성장 과정에 따라 나는 노래의 여러 장르를 경험하며 내 감성을 키워왔던 셈이다.

요즘 트로트 열풍이 전국을 휩쓸고 있다. 코로나 블루로 우울하고 침울한 분위기에 전 국민 남녀노소 할 것 없이 트로트 열풍에 흠뻑 젖어 위안을 받는 듯하다. 모 방송사의 서바이벌식 트로트 경연대회에서 최종 탑7에 오른 가수 중에서 초등학생 정동원 군이 내 마음을 사로잡았다. 그 어린 소년의 호소력과 색소폰 연주 솜씨까지 겸한 노래 실력에 입을 다물 수가 없었다. 특히 그가 〈보릿고개〉를 열창할 때는 나도 모르게 눈물이 핑 돌았다. 보릿고개를 경험한 우리 같은 노인 세대들은 더 깊은 감동을 받았을 것이다. 그러나 정작 노래 부르는 자신은 어떤 감정으로 노래를 불렀을까. 노래의 진정한 뜻이나 이해하고 부르는 것일까 몹시 궁금했다. 정동원 군이 동요 〈오빠 생각〉을 호소력 있게 부르고 색소폰으로 우리 가곡 〈사월의 노래〉를 멋지게 연주한다면 또 어떤 감정으로 나에게 다가올지 상상도 해보았다.

심리분석학자 카를 융(Carl Gustav Jung, 1875-1961)은 "개인의 성격은 생물학적으로 신체가 성장하도록 정해져 있는 것같이 개성화되도록 정해져 있다. 신체가 건전하게 성장하기 위해서 적절한 음식과 운동이 필요한 것처럼, 역시 한 인간의 인격이 건전하게 개성화되기 위해서는 적절한 경험과 교육이 필요하다."라고 주장하고 있다. 이처럼 인간의 감수성 발달에서도 각 성장 단계에 따라 적절하게 경험하고 교육이 이루어져야 하지 않을까 하는 생각이 문득 들었다. 맑고 밝은 동요를 부를 유·소년기에 한 많은 노년의 마음이나 울리는 노래를 부르는 동원 군의 감성이 어떨지 매우 궁금해졌던 것이다. 요즘은 학교에서조차 동요나 가곡을 거의 가르치지 않는다고 한다. 점심시간에 학교 방송실에서는 자극적이고 관능적인 아이돌 댄스가수의 노래만 흘러나오고 있으니 감수성이 강한 아이들 정서 교육에 지나치게 편향된 영향을 끼치지나 않을지 염려스럽다.

이번 트로트 경연대회에 참가한 가수들의 면면을 살펴보면 참으로 다양하고 사연도 많다. 그들은 국악, 성악, 오페라, 뮤지컬, 아이돌, 발라드 그리고 힙합에 이르기까지 여러 장르에서 활동하던 장래가 촉망되던 가수들이었다. 그런데 이들이 대거 트로트 경연대회에 참가한 이유가 무엇일까. 한마디로 말해서 인기 있는 트로트로 진로를 바꾸어 잘살아보겠다는 것이 아닌가. 어쩌면 철저하게 자본주의 의식과 물질 만능의 유령이 이들을 지배하고 있는 듯하여 씁쓸한 마음을 금할 수 없다.

한 생태계가 건강해지려면 여러 동식물이 함께 공존했을 때이다. 한 사회도 건강해지려면 여러 분야에서 다양한 문화가 함께 성장해야 하는 것처럼 대중가요도 예외는 아닐 것이다. 그런데 요즘 우리 대중가요가 트로트라는 한 장르에만 모든 관심이 집중되는 것 같아서 유감이다. 지금은 당장 한 장르의 대중가요가 기쁨과 즐거움을 주는 듯하지만, 시간이 흐름에 따라 단조로운 대중문화 시대로 접어들지 않을 거라고 누가 장담할 수 있겠는가. 다양한 장르의 대중가요가 서로 발전하여 건전한 문화발전의 기틀이 되었으면 하는 바람이다.

지금도 이 나이에 초등학교 시절 담임 선생님의 풍금 소리에 맞추어 부르던 동요 〈섬집 아기〉는 나의 가슴을 울리는 노래로 남아있다.

5부
서어나무 길

플라타너스

초등학교 운동장 모퉁이에는 하늘을 가릴 만큼 큰 나무가 한 그루 서 있었다. 우리 고장에서 흔히 볼 수 있는 소나무나 미루나무 같은 낯익은 나무가 아니라 생김새부터가 이국적인 멋이 물씬 풍기는 나무였다. 손바닥 모양의 커다란 잎과 헌칠한 키, 하얀 표피며 알록달록한 무늬로 겉모습을 단장하였다. 그래서 이 나무를 버즘나무라고도 불렀다. 쉬는 시간이나 야외 학습 시간이면 그 나무 그늘에 모여 쉬기도 하고 선생님의 재미있는 이야기를 듣기도 했다. 이 나무는 여름이면 매미들이 시원하게 목청껏 울어대던 낭만의 나무 플라타너스였다.

미국 일리노이드 사보이에 막내딸이 살고 있다. 그들이 사는 빨간 벽돌 이층집 옆에는 아름드리 플라타너스 한 그루가 하늘을 향해 우뚝 서 있다. 밑둥치는 어른 두 사람이 팔을 벌려 맞잡아야 닿을 만큼 굵었다. 이 나무를 보는 순간 이국땅에서 옛 친구를 만난 듯 무척 반가웠다. 아마도 초등학교 운동장에 서 있던 그 나무가 생각나서일 것이다.

5월이 되었는데도 플라타너스는 새 움을 틔울 생각도 아니하고 앙상한 가지 사이로 휙휙 소리 내며 스쳐가는 바람에 몸을 맡기고 아무 생각 없이 서 있다. 하기야 이곳 겨울은 워낙 길어서 봄이 오는 것도 모르고 사는 모양이다. 이곳에 자리 잡고 이만큼 자라기까지 얼마나 많은 인고의 세월을 보냈을까.

이곳 일리노이드 사보이는 사방을 둘러보아도 산이나 구릉이 보이지 않는다. 오직 넓은 벌판에 옥수수밭이 끝없이 펼쳐져 있을 뿐. 이 광활한 대지를 바라보며 플라타너스 나무는 떠오르는 태양을 맞이하며 하루를 시작하고, 또 지는 해를 바라보며 하루를 마감한다. 해가 뜨고 지고 하루하루 무심히 살아가는 것 같지만 플라타너스는 대지 위에 더 깊게 뿌리를 내리며 더 튼실하게 속으로 영글어 갈 것이다. 그날의 역사를 하나도 빠짐없이 컴퓨터 하드디스크 같은 나이테에 기록하며 하루하루의 증인으로 살아가는 것일 게다.

어떤 수필작가는 나무는 고독하다고 했던가. 그러나 이 플라타너스 나무는 우리 아이들이 함께 살고 있어서 고독하지는 않았을 것이다. 나무 아래 우리 아이들이 둥지를 튼 지도 벌써 8년. 다섯 살인 하나(Hannah)와 돌 지난 안나(Annah)도 태어났다. 아이들의 울음소리와 해맑은 웃음소리도 들었을 것이고 무럭무럭 자라는 모습도 지켜보았을 것이다. 밤새 연구에 몰두하는 사위의 공부하는 모습도, 남편 뒷바라지하며 자식들 돌보느라 온종일 쉴 틈 없이 종종걸음으로 살아가는 막내딸의 모습도 모두 기억하고 있을 것이다.

새벽 동녘 하늘이 붉게 물들어 오면 카디날(Cadinal)이 창문 쪽 플라타너스 가지에 앉아 아침을 깨운다. 삐우 삐우 삐삐삐삐삐우~~. 목소리가 마치 꾀꼬리 소리처럼 아름답다. 카디날의 울음소리에 창문 커튼을 걷는다. 생김새가 추기경의 붉은 복장과 모자를 닮았다 하여 붙여진 새의 이름이다. 카디날이 새벽을 깨우고 난 다음 가슴털이 유난히 붉은 로빈과 온몸이 검은 블랙버드 그리고 검은 몸에 양 날개 윗부분만 붉은색을 띤 낯선 새도 날아든다. 이른 아침부터 비발디의 사계 중 〈봄〉이 연주되는 것이다. 새들의 합창 소리에 관람객들도 몰려든다. 제일 먼저 청설모가 플라타너스에 오른다. 호기심이 많은 이 녀석은 창문을 열어 둔 이층집 안방을 기웃거린다. 간밤에 어떻게 지냈는지 궁금한 모양이다. 초롱초롱한 눈망울로 인사를 한다. 나무 아래에는 어김없이 산토끼들이 깡충깡충 뛰어온다. 두 귀를 쫑긋 세우고 혹시라도 누가 보질 않나 두리번거리면서 새소리를 들으며 두 발로 얼굴을 비벼 아침이슬로 세수를 한다. 지저귀는 카디날의 아름다운 소리에 사슴들도 벌판을 달리다 말고 뒤돌아서서 이곳 플라타너스 나무를 바라보고 한참을 서 있다. 잔칫집에 뭐 얻어먹을 거리 없나 기웃거리는 떠돌이 품바마냥 코요테까지도 슬금슬금 나무 아래로 다가왔다가 인기척에 놀라서 냅다 달아난다. 그래서 이곳 플라타너스는 고독할 시간이 없지 싶다.

둥지를 떠날 준비를 하는 새들처럼 우리 아이들도 그동안 정들었던 이곳을 떠날 준비를 하고 있다. 학위를 마친 사위가 직장을 잡아 이사를 계획하고 있기 때문이다. 청춘을 이곳에서 연구에 몰두하고 사랑스러운 두 딸을 얻고 희망찬 새로운 세상으로 날아갈 일을 생각하면 가슴이 얼마나 벅차오를까. 플라타너스와의 이별도 무척 섭섭할 것이다.

이제 우리 아이들도 이곳 낯선 이국땅 광활한 대지 위에 뿌리를 내릴 것이다. 아는 사람 아무도 없는 이곳에 플라타너스처럼 대지의 주인이 될 것이다. "비록 시작은 미약하였으나 그 끝은 창대하리라."라는 하나님 약속의 말씀을 굳게 믿고 살아갈 것이다. 저 플라타너스처럼 무럭무럭 자라 창대한 나무가 되기를, 날이 가고 해가 갈수록 뿌리를 단단히 내리고 속으로 단단히 영글어 가기를, 새들이 날아들고 청설모가 찾아오고 산토끼 사슴이 찾아와 쉬어가고, 꽃이 피고 나뭇잎이 무성하여 큰 그늘을 만들어 많은 사람을 품어 안을 수 있는 넉넉한 나무가 되기를 오늘도 간절히 기도드린다.

창밖에 서 있는 플라타너스를 바라본다. 우리 아이들을 지켜보며 언제나 격려하고 박수를 보냈을 나무가 오늘따라 특별히 고마울 뿐이다. 플라다너스 나무여, 안녕!

아차산 둘레길

서울 둘레길 용마·아차산 코스 정문에 들어섰다. 둘레길 인증표에 도장을 찍고 등산길에 들어서는데 "서울의 아침이 시작되는 아차산에서 동북아를 호령하는 고구려인의 기상과 혼을 이어받아 광진군민이 꽃을 피우리라."는 비석 하나가 비장한 호기豪氣 서린 모습으로 당당하게 서서 나의 눈길을 사로잡는다. 신라에 뿌리를 두고 백제 땅에서 싹이 돋아 자라서일까. 나는 고구려의 기상이라는 말에 벌써 기가 죽는다. 대륙을 주름잡던 고구려 제20대 장수왕(394~491)이 금방이라도 나타나 큰소리로 호령할 것 같은 분위기다.

아차산은 경칩이 지났는데도 아직 봄이 이르다. 바위틈과 척박한 마사토에 뿌리내린 등 굽은 소나무들과 앙상한 상수리나무들이 묵언수행 중이다. 아직 동안거가 끝나지 않았나 보다. 가끔 지나가는 바람에 마른 풀잎과 가랑잎의 바스락거리는 소리만 들릴 뿐 봄의 기운은 아직은 어디에서도 찾아볼 수가 없다.

둘레길 데크를 따라 걷다가 힘들 것 같아서 바로 정상으로 오르지 않고 용마계곡을 지나 에둘러 오르기로 했다. 오솔길을 따라 천천히 걷다 보니 양지바른 바위 아래 진달래 나무 한 포기에서 달랑 연분홍 진달래꽃 한 송이가 피어있다. 눈이 번쩍 뜨였다. "봄이다!" 순간 외마디 탄성이 터져 나왔다. 눈으로 보고 귀로 들어야만 계절의 변화를 느낄 수 있다니 내 감성도 어지간히 둔한 모양이다. 보이지 않는다고 봄이 오지 않을 리는 없을 터. 나의 영혼이 회색빛 도회지에 찌들어 감각을 잃었나 보다. 봄이 끝없는 순환의 고리를 타고 돌아오고 있는 것은 진리일 터인데 나는 아직도 모르고 있었다. 마른 상수리나무에도 고갱이를 타고 물은 오르고, 겨울을 지낸 까칠한 소나무에도 봄은 슬금슬금 뿌리로부터 올라오고 있을 것이다. 바싹 마른 상수리나무 낙엽 아래에도 제비꽃, 할미꽃, 노루귀, 꽃다지, 봄까치꽃, 꿩의바람꽃 들이 다투어 기지개를 켜고, 달래, 냉이, 씀바귀도 부스스 겨울잠을 털고 일어나고 있는지도 모른다. 눈에 보이는 것은 현상일 뿐 본질은 아니지 않는가.

용마계곡에 들어서니 한줄기 골바람이 시원하다. 졸졸 소리 내어 흐르는 계곡물이 '비발디 사계 중 〈봄〉의 바이올린 연주 소리 같이 맑고 청량하다. 개구리 알이나 도롱뇽 알이 있나 싶어 계곡 웅덩이를 살펴보았지만 어디에도 보이지 않는다. 개구리도 나처럼 계절 감각이 둔한 것일까. 어쩌면 용맹스러운 고구려 병사들이 무서워 아직도 땅속에 숨어 나오지 못하는 것일지도 모를 일이다.

지금부터는 능선까지 오로지 오르는 길. 짐이라곤 카메라 달랑 하나 메고 온 것뿐인데 몸이 천근만근이다. 날마다 걷기로 다리 운동을 게을리하지 않는다고는 하지만 막상 산을 오르려니 걸음걸이가 팍팍하고 숨이 차오르며 관절도 시큰거린다. 오른다는 것은 이렇게 고단한 것일까. 뒤돌아보니 힘든 인생길을 많이도 올라왔지 싶다. 그 힘든 인생길을 어찌 헤치고 올라왔을지. 인생길이란 끝없는 오르막길인가 보다. 아직도 내 갈 길은 멀기만 한데 어디쯤에서 힘든 이 오름을 멈출 수 있을 것인가 기약도 없다.

까마득하게 보이는 능선을 숨을 헐떡거리며 올라서니 갈림길이 나타났다. 왼쪽은 용마산으로, 오른쪽은 아차산으로 가는 길이다. 용마산을 오르는 길은 가팔라 깔딱고개라 부른다. 오를 때 숨이 차 헐떡일 정도로 경사진 길이라서 붙여진 이름일 것이다. 그러나 아차산으로 오르는 길도 만만치 않다. 이 길도 나에게는 깔딱고개다. 힘들게 숨을 헐떡거리며 가파른 계단 두 곳을 오르고서야 아차산 정상에 발을 디뎠다.

아차산 보루堡壘가 눈앞을 가로 막아선다. 잘 다듬어진 돌을 어긋어긋하게 차곡차곡 쌓아 올린 성벽을 흙으로 다져 넣고 성

곽 여기저기에 공격해 오는 적을 방어할 목적으로 성벽 앞으로 치雉를 내어 쌓았다. 보루는 삼국시대의 전략적 요충지였던 한강 유역에 고구려군이 축조해 남진 정책의 전초기지로 활용했던 군사적 요새다. 아차산에 오르니 굽이쳐 흐르는 한강과 백제의 옛 수도 위례성의 도읍지였던 몽촌토성과 풍납토성이 한눈에 보인다. 옛 백제의 위상이 저리했을까. 토성 곁에 자리 잡은 롯데월드의 거침없는 기상이 하늘을 향해 우뚝 치솟아 오르고 있다.

아차산은 삼국시대에 처참한 전투 현장이었다. 백제의 21대 개로왕(蓋鹵王 455~475)은 위례성을 포위한 3만 명의 고구려군과 싸우다 끝내 사로잡혀 아차산 기슭으로 끌려와 처형당했다. 700년 백제의 역사 가운데 초기 500년의 역사를 잃어버린 한 맺힌 처절한 전투였다. 개로왕은 고구려 첩자 도림의 꼬임에 놀아나 바둑놀이에 정신을 빼앗겼고, 토목공사로 나라 살림이 피폐해져 백성들의 원망이 하늘을 찌르는 틈을 타 고구려 장수왕이 병사들을 이끌고 백제 위례성을 초토화한 전투였다. 아차산 계곡 어디에선가 개로왕의 때늦은 후회가 한탄이 되어 통곡 소리로 들려오는 듯하다. 그뿐만 아니다. 고구려 제25대 평원왕(平原王 559~590)의 사위 온달장군도 죽령 이북의 잃어버린 땅을 회복하고자 신라군과 싸우다 아차산성 아래에서 죽었다는 기록이 있다. 〈평강공주와 바보 온달〉 이야기의 주인공의 죽음도 바로 이곳 아차산에서였으니 나는 고구려·백제·신라 삼국의 치열했던 전투 현장에 서 있는 것이다.

국운을 걸고 패권을 다투던 고대 삼국의 그 처절했던 전투장, 아차산 정상에 남아있는 보루만이 그 옛 전투 장면을 기억하고 있을까. 번뜩이는 창과 칼이 부딪치는 금속성 소리, 휘하 부하들을 명령하며 진두지휘하던 장군의 말 달리던 말발굽 소리, 목숨을 걸고 육박전으로 싸우던 병사들의 함성과 비명이 적막한 아차산 보루를 맴돌며 떠나지 않는 듯하다. 이젠 그 전투의 상처는 역사 속으로 가뭇하게 잊혀 가고 있다. 천지를 뒤흔들었을 삼국 병사들의 전투 장면을 상상하며 한동안 말없이 서서 아스라한 서울 시가지를 망연히 바라보았다.

아차산을 내려오는 길. 저녁 무렵 해는 설핏하고 노을이 용마산 뒤로 서서히 물들어 간다. 바위틈에 서 있는 소나무들이 철갑을 두르고 꿋꿋하게 아차산성을 지키고 있는 고구려 병사들 같다.

구봉도九峯島 노루귀

해토머리다. 들판이나 깊은 산골짜기 또는 바닷가 언덕에는 야생화들이 다투어 피어나는 시기다. 언 땅 눈을 헤집고 솟아올라 방긋이 미소 짓는 노란 복수초, 고산지대 음지에 숨어 피는 바람꽃, 바람난 여인 같다는 가녀린 얼레지, 양지바른 언덕에서 돋을볕을 바라는 앙증맞은 제비꽃, 솜털 보송보송한 허리 굽은 할미꽃, 별처럼 반짝이는 맑은 노루귀, 사파이어 가루를 흩뿌린 듯 자디잔 봄까치꽃에 이르기까지 수많은 야생화가 여기저기서 봄을 노래한다. 이렇게 많은 야생화 가운데 이름부터 생경해 호감이 가는 노루귀가 내 눈에는 가장 예쁜 꽃이다.

노루귀는 잎 모양새가 노루귀를 닮았다 하여 붙여진 이름이다. 쫑긋한 두 귀와 아래로 뻗어 내린 잎 하나가 노루 얼굴을 꼭 빼닮았다. 잎 뒷면에는 보송보송한 솜털이 나 있고 알록달록한 무늬까지 있어 노루귀라 불려도 무리는 아니지 싶다. 하지만 더 예쁜 이름도 하고많은데 하필이면 산짐승 노루의 귀에 빗대어 이름을 지었을까. 이건 꽃에 대한 예의가 아닌 듯하다. 하긴 우리 조상들도 귀한 자식을 얻으면 '개똥이'라는 천한 이름을 지어 무병장수를 기원했었다. 이름과 꽃의 이미지가 어울리지 않는 꽃, 그러나 노루귀는 봄에 피는 야생화 중에서도 내 눈에는 가장 예쁘고 매혹적인 꽃이다.

노루귀는 귀가 있어 봄이 오는 소리를 들을 수 있다. 아득한 수평선 너머로 밀려오는 해조음에서 사무친 그리움의 소리를, 해안가 몽돌 구르는 파도 소리에서 바다가 간직한 태곳적 이야기를 들을 수 있고, 하늘 높이 날아오르는 갈매기 울음소리에서 더 멀리 날고 싶은 이상을 꿈꿀 수도, 우거진 솔숲에서 지저귀는 박새의 노랫소리에서 진솔한 사랑의 의미를 알 수도 있는 꽃이다. 낮이면 구름을 밀고 가는 바람 소리에서, 밤이면 으스스한 별 떨기 쏟아지는 신음 소리에서도 봄이 오는 소리를 들을 수 있고 찬란한 봄을 꿈꿀 수도 있는 귀가 있는 꽃이다.

노루귀는 잎보다 꽃대가 먼저 올라오는 마음이 급한 꽃이다. 이도령이 온다는 소리에 버선발로 뛰어나오는 춘향이처럼 봄이 온다는 소리에 꽃대부터 미리 내민 것은 아닐까. 흰색, 분홍색, 청색의 청아한 색으로 예쁘게 단장하고 솜털 가득한 가냘픈 꽃대 위에 별 같은 꽃송이로 살포시 내려앉아 운해에 몸을 적시고 새벽이슬 머금어 피어나는 꽃, 노루의 눈을 닮아 청아하고 솜털 보송보송한 갓난아이처럼 해맑고 고운 꽃이다.

노루귀는 섬집 아이처럼 수줍어하는 꽃이다. 돌 틈 사이나 상수리나무 낙엽 사이에서 살며시 고개를 내밀고 아무도 몰래 피고 지는 작고 앙증맞은 꽃이라서 눈에 쉬 띄지 않는다. 한 발짝 다가서면 그만큼 뒤로 물러서고 또 한 발짝 다가가면 멀리 달아나는 노루처럼 은밀하고 신비로운 은둔의 꽃이다. 앙증맞은 자태와 별 같은 꽃 모양이 신기하고 경이로워 노루귀를 만나면 나는 꽃 앞에 무릎을 꿇는다. 주위는 바싹 마른 것들뿐인데 어찌 봄이 오는 소식을 알고 이렇게 예쁜 꽃으로 피어났을까. 저 여린 자태로 그 혹독한 한겨울의 추위를 견디어 냈단 말이지. 햇빛에 반짝이는 솜털 더북한 노루귀를 보는 순간 나의 시간은 침묵 속에 멈추어 선다.

노루귀는 작고 여리지만 크고 강한 꽃이다. 때늦게 내린 눈에 뒤덮인 땅속에서도 안간힘을 다해 비집고 헤쳐 나와 봄소식을 알린다. 그래서 파설초破雪草라는 이름까지도 따라붙었다. 충성스러운 계절의 전령사가 아닌가. 가녀린 꽃 모양과는 달리 인내, 신뢰, 믿음이라는 꽃말도 달았다. 세상사 겉모양으로만 판단할 일이 아니다. 약한 것 같지만 강한 것, 작은 것 같지만 큰 것이 이 세상의 이치가 아닐까. 작은 겨자씨 하나가 싹이 트고 자라 큰 나무가 되고 그곳에 새들이 깃들이는 것을 천국이라 했듯이 작은 것이 어떤 큰 것보다도 더 큰 일을 할 수 있다는 말일 것이다.

앙증맞은 노루귀는 작고 연약해 보이지만 크고 강한 꽃이 아닌가 한다.

노루귀는 때 묻지 않은 깨끗하며 향기로운 꽃이다. 속세의 탐진치貪瞋癡에 물들지 않은 깊은 산속 절집에 홀로 앉아 기도드리는 어린 비구니이다. 봄이 되면 꽃들이 저마다 자태를 뽐내며 다투어 피어나지만 노루귀는 그것마저 마다하고 저만치 홀로 숨어 피어난다. 어찌 노루귀라고 외롭지 않을까. 흔들리지 않고 피는 꽃이 없듯이, 외딴곳에 피어나는 꽃이 어찌 외로움이 없이 피어나랴. 그러나 한 가지 소원이 있다면 어디에서 피든지 봄바람을 타고 사랑을 실어 나르는 향기가 되고자 노루귀는 외로워도 저만치 홀로 피어나는가 보다.

안명安命이라 했던가. 하늘의 뜻을 따라 분수를 지켜 만족하며 살아간다는 말이다. 안산 구봉도九峯島 해송길 섶에 외롭게 피어나는 노루귀를 두고 하는 말 같다. 구봉도 노루귀는 클로드 모네의 정원 호수에 피어난 수려한 수련도, 베르사유궁전 정원에 피어나는 화려한 장미도 부러워하지 않는다. 서해 바다를 마주한 외딴곳에서 오롯이 끝없이 밀려오는 파도에 구르는 몽돌 소리, 그리운 임의 숨결 소리 같은 잔잔한 해조음 소리, 짝을 찾아 지저귀는 텃새들의 노랫소리, 봄소식을 안고 남으로부터 불어와 살랑대는 바람 소리를 더 사랑하는 꽃이다.

구봉도 노루귀는 운명을 사랑할 줄 아는 꽃이지 싶다.

제주 돌담

제주가 제주다운 것은 제주 돌담이 있어서다. 하늘에서 내려다보이는 제주는 얼기설기 얽힌 검은 돌담이 구불구불 이어져 있는 추상화 같은 풍경이다. 어디에서도 볼 수 없는 제주만의 멋이다.

제주에는 돌이 많아 돌담도 많고 돌담의 종류도 가지가지다. 집 주위를 둘러싸고 있는 울담, 동네 올레길에 쌓여있는 올레담, 해녀들이 물질할 때 옷을 갈아입거나 불을 피워 몸을 따뜻하게 해주는 불턱과 밭과 밭 사이의 경계로 쌓아 놓은 밭담은 흔히 볼 수 있는 돌담이다. 이래서 "제주 사람은 돌에서 와서 돌로 돌아간다."라는 말이 생겨났는지도 모른다.

제주 돌담은 제주의 지질과도 불가분의 관계가 있었을 것이다. 화산 폭발로 이루어진 제주는 지표가 화산재와 현무암 돌덩이들이 뒤섞인 척박한 땅이었다. 이런 땅에 뿌리를 내리기 위해 제주 사람들은 땅을 일구고 개간을 해야 했을 것이다. 파도파도 끝도 없이 나오는 돌들을 밭 중앙이나 모퉁이에 모두어 돌무더기인 '머들'이라 불리는 커다란 석뢰石磊를 쌓아 놓았다.

이렇게 밭에 쌓여있던 돌무더기를 제주 부사로 부임해온 김구가 풀어헤쳐 돌담을 쌓도록 지시한 것이다. 이로 인해 사유지의 경계를 확실히 함으로써 소유권 분쟁이 사라졌고, 방목하는 우마의 침입을 막아 농작물을 보호할 수 있었다. 바람을 막아 농작물 피해를 줄일 수 있었고, 흙의 비산을 막음으로써 농토의 유실도 막을 수 있었다. 이것은 마치 명의가 뭉친 혈에 침을 놓아 온몸에 기를 통하게 하고 피가 돌게 하여 병을 치료하는 것과 다를 바가 없는 조치였다. 제주 부사 김구의 탁월한 혜안이 제주인들의 해묵은 갈등을 풀어 주었고 또한 궁핍으로부터 자유롭게 한 것이다.

그뿐만 아니다. 화공이 화선지에 선을 그어 아름다운 그림을 그리듯이 제주 사람들은 돌무더기를 헐어 황량하고 밋밋한 제주섬을 사방으로 얼기설기 이어진 돌담을 쌓아 모자이크 패턴이 아로새겨진 환상의 땅으로 바꾸어 놓은 것이다. 구불구불 끝없이 이어져 있는 제주 돌담, 그 길이만도 지구의 반 바퀴를 돌고도 남는 길이란다. 마치 검은 용이 살아 움직이는 것 같다며 '흑룡만리'라고도 부른다.

제주 돌담에는 정이 넘쳐흐른다. 밑돌 위에 올려진 윗돌 그리고 얼기설기 이어져 보기에도 곧 무너질 듯 조마조마해 보이는 돌담이 서로를 의지하며 꼭 붙들고 서 있는 모습이 눈물겹도록 정겹다. 돌덩이와 돌덩이가 맞물려 서로의 이음새가 되어주고 자체의 강한 마찰력 때문에 무너지지 않는 것이다. 얼굴에 진한 분칠 한번 하지 않고 순박하게 살아갔던 투박한 옛 제주 사람들의 민낯을 보는 듯하다. 그들이 세풍에도 쓰러지지 않고 버티어 살아갈 수 있었던 것은 돌담처럼 서로가 받쳐 주고 당겨주는 정이 흐르고 있어서가 아니었을까.

제주 돌담은 소통의 통로다. 막힘이 없이 숭숭 뚫린 제주 돌담, 그 틈새로 바람이 통하고 꽃향기가 흐르고 사람과 사람의 마음도 오간다. 다 채우려 하지 않는 비움의 미학이다. "욕심이 잉태한 즉 죄를 낳고 죄가 장성한즉 사망을 낳는다."고 했듯이 비움으로써 더 채우게 되고 더 충만한 기쁨으로 가득할 것이다. 뻥뻥 뚫린 제주 돌담의 공간 사이로 파란 하늘이 보이고 에메랄드빛 바다도 보이고 지금 한창 피어있는 메밀꽃과 화사한 수국도 보인다. 사람이 보이고 세상이 보이고 피안의 세계도 보이는 것이다. 막힘이 없이 소통하는 세상이 공정하고 평등하고 정의로운 사회로 가는 지름길이 아닐까. 세대와 세대, 남성과 여성, 당파와 당파, 지역과 지역이 꽉 막혀버린 오늘날의 세상이 제주의 돌담을 타산지석으로 삼아야 할 일이다.

제주 돌담은 모두가 참여하는 통섭統攝의 예술이다. 여러 가지 형태의 돌들이 모여 하나의 돌담을 이루었다. 각진 돌은 각진 돌대로, 둥근 돌은 둥근 돌대로, 또 자잘한 돌은 자잘한 돌대로 다 쓰여 형성된 종합예술품이다. 각기 크기와 모양과 무게에 따라 밑돌이 되기도 하고 윗돌이 되기도 하고 모서리돌이나 틈막이돌, 그리고 채움돌이 되기도 한다. 어느 돌 하나 자기 자리에 대해 불평 한마디 없다. 제주 땅에 있는 모든 돌이 다 쓰임새가 있듯이 숭엄한 인격과 재능을 천부로부터 부여받은 제주 사람들이야 두말하여 무엇하랴. 개개의 돌들이 모여 아름다운 울담이 되고, 올레담이 되고 불턱과 밭담이 되듯이 제주 사람 개개인들이 모여 함께함으로써 더 행복한 세상世上을 이룰 수 있을 것이다.

그러나 요즘 제주 돌담에도 변화의 바람이 불고 있다. 새로 쌓은 돌담의 형태가 변해 간다. 망치로 다듬은 듯 반듯 반듯한 돌로 빈틈없이 꽉 막힌 돌담을 쌓고 있다. 숨쉴 수 없는 돌담, 바람이 통하지 않는 돌담, 소통이 막혀버린 돌담, 이것은 제주의 돌담이 아니다. 제주의 인심도 문화도 전통도 아니다. 제주가 제주답기 위해서는 오롯이 자연 그대로의 투박한 돌로 담을 쌓는 것일게다.

그물에 걸리지 않는 바람처럼 초여름에 이는 제주 바람이 제주 돌담을 지나 메밀꽃이 핀 들판과 수국이 만발한 꽃밭으로 불어가고 있다. 제주는 돌담의 나라다.

서어나무길

나는 일상에 지쳐 마음이 심드렁해지거나 평정을 잃어 오욕칠정의 유혹에 빠질 때면 '서어나무길'을 찾는다. 꾸밈없고 순박한 고향 뒷동산 같은 정겨운 이곳, 후미지고 호젓한 서오릉 뒤편에 있는 길이다.

명릉明陵과 익릉翼陵을 뒤로하고 아름드리 적송 숲길을 지나 능선을 향해 오르막길을 오르다 보면 길 안내판이 '서어나무길'로 가는 화살표를 따라가라 이른다. 한참 오르다 보면 숨이 차 걸음을 멈추고 잠시 길섶 바위에 걸터앉아 한숨을 돌린다. 울창한 소나무 숲속에 숙종과 그의 여인들이 유택幽宅에서 깊은 영면永眠에 들어 깨어날 줄 모른다.

왕실의 화려했던 부귀영화 다 어디에 두고 저리 깊은 침묵의 세상에 잠들어 있을까. 세상만사 참 헛되구나 싶다. 왕을 사이에 두고 여인들끼리 끝없이 벌어졌던 시기와 질투로 마침내 장희빈은 사약을 내리 받았다. 장희빈의 운명을 보면 화려했던 왕실의 삶도 절대로 행복하지만은 않았을 터이다. 행복은 결코 화려함에도 부귀영화에도 있는 것이 아니며, 나는 새를 떨어뜨릴 수 있는 권력에 있는 것도 아니다. 그저 맑고 고운 가난한 마음속에 있는 것은 아닐까.

어려서 어머니께서 즐겨 부르셨던 이성봉 목사님께서 작사한 찬송 〈허사가〉가 문득 생각이 난다.

세상만사 살피니 참 헛되구나 부귀공명 장수는 무엇하리오
고대광실 높은 집 문전옥답도 우리 한번 죽으면 일장의 춘몽

어머니께서 한번 시작하면 끝도 없이 되돌려 부르시던 〈허사가〉는 어머니의 힘든 삶을 위로했던 기도였으리라. 열두 절까지 있었던 이 〈허사가〉를 밤이면 등잔불 아래 둘러앉아 뜻도 모르고 어머니를 따라 부르곤 했다. 마지막 절은 "우리 희망 무엔가 뜬세상 영화, 분토같이 버리고 주님 따라가, 천국낙원 영광 중 평화의 세계, 영원무궁하도록 누리리로다."로 끝나는 찬송이었다. 이 세상 헛되고 헛되니 세상사에 미련 두지 말고 예수 믿고 천당에 가자는 찬송가였다. 소위 불가에서 말하는 공수래공수거空手來空手去니 세상에 미련 두지 말라는 말과도 같은 뜻일 게다.

정상에서 서오릉 뒤편 내리막길로 들어서면 길옆 계곡과 언덕

에 서어나무가 군락을 이루고 있다. 그래서 이 길을 '서어나무길'이라 한다. 서어나무는 자작나무처럼 표피가 하얗고 미끈하다거나 갑옷을 두른 소나무처럼 웅장하고 위엄 있어 보이지는 않지만, 나무줄기가 햇볕에 탄 듯 회색빛 피부에 울퉁불퉁한 근육질로 다져져 그 자태가 준마의 엉덩이만치나 미끈하고 매력적이며 건강미가 넘쳐흐르는 매력을 지닌 나무다.

서어나무의 어원은 '서목'西木에서 나와 '서나무'로 부르다가 더 부르기 쉽게 '서어나무'라고 불린 것이라 한다. 서西는 음陰을 뜻하는 말로서 서어나무는 음의 나무, 즉 음수陰樹로서 음지에서도 잘 자라는 나무라는 뜻이다. 어려서는 소나무나 참나무 그늘에 가려 힘을 쓰지 못하고 겨우겨우 목숨만 부지하고 지내다가 어느 순간 햇빛을 받을 수 있을 정도로 자라면 그 후론 쑥쑥 자라 소나무나 참나무까지도 모두 이기고 최정점에 서서 숲의 안정화 단계를 이루는 나무가 서어나무다. 그래서 이 나무는 숲의 변천 과정에서 최상위에 있는 온대림의 극상림極相林이라 그 존재 가치를 높이 평가받고 있다.

가난한 가정에서 태어났다고, 내 뒤에는 날 이끌어줄 사람이 없다고, 아무리 노력을 해도 되는 것이 없는 것은 내게 운이 따르지 않거나 아니면 사회의 구조적인 모순 탓이라고 원망했었다. 그런 내 자신을 돌이켜 보면서, 척박한 땅과 음지에서도 좌절하지 않고 꿋꿋하게 자라나 숲의 최고 정점에 설 수 있는 서어나무에게서 삶의 지혜를 배운다.

나는 가끔 차를 몰고 고속도로를 달린다. 쏜살같이 질주해 오는 차들 때문에 고속도로에 진입하기에도 등골이 오싹할 때가 많다. 이럴 때마다 세상살이가 속도전이지 싶어진다. 무엇이 급해 사람들은 이리 빨리 달리는 것일까. 삶이란 아무 목적도 없이 앞만 보고 어디로 달려가는 것이지 싶어서 서글퍼진다.

그러나 서오릉 서어나무길은 서둘러 걷는 길이 아니다. 인적이 드물어 빨리 걸을 필요도 없다. 서어나무길을 걸으면 나도 모르게 마음부터 여유로워져 해찰을 부리게 된다. 삶의 여백을 즐길 수 있는 순간이다. 길섶에 피어있는 똘망똘망한 개망초나 산골 소녀처럼 해맑은 구절초에 다가가 꽃향기를 맡아보기도 하고, 팔랑팔랑 날아가는 하얀 나비를 따라가며 춤을 춰보기도 한다. 장수하늘소 한 마리가 숲을 찾아가다 길을 잃었는지 길바닥에 웅크리고 있다. 오늘밤에라도 서어나무 숲을 찾아갔으면 하는 마음으로 엄지와 검지로 잡아 길가로 옮겨 주었다. 길섶 도랑으로 졸졸 흐르는 물소리 소리도 한겨울에 먹는 동치미 국물보다도 더 시원하게 들린다.

마음에 근심이 쌓일 때면 서오릉에 오자. 세상 걱정 모두 떨쳐버리고 싶을 때면 서어나무 길을 걷자. 마음속의 모든 탐진치貪瞋痴를 훌훌 털어버리고 비울 수 있는 길이 바로 이 서어나무길이 아닌가.

굴참나무를 쪼아대는 오색딱따구리 소리에 두리번거리다 하늘을 향해 바라보니 흰구름 한 조각이 서어나무 길 위로 유유히 흘러간다.

강진만 갈대숲

소설小雪이 지난 초겨울, 으스스한 찬바람이 조석으로 인다. 찬바람에 예민한 것이 비단 나이 탓만은 아닐 터. 왠지 가슴 한편이 텅 빈 것처럼 휑하다. 바람이나 쏘일 겸 길을 나섰다. 오래전 젊은 시절에 인기 있었던 제3회 MBC 대학가요제 수상곡 〈남으로 남으로 내려가자〉가 FM 라디오 방송에서 흘러나온다. 노래 따라 나도 몰래 차 머리를 강진만 생태습지공원으로 향해 달리고 있다.

> 남으로 남으로 내려가자/ 그곳 모란이 활짝 핀 곳에 영랑이 숨쉬고 있네
> 남으로 남으로 내려가자/ 그곳 백제의 향기가 서린 곳 영랑이 살았던 강진
> 음악이 흐르는 그의 글에/ 아! 내 마음 닮고 싶어라

늘 푸른 하늘이 있는 곳/ 아! 영원히 남으리 영랑과 강진

이 노래는 전통가요나 당시 유행했던 포크송과도 다른 형식의 노래였다. 고향 강진의 아름다움과 그곳에 흐르는 역사의 향기, 그리고 강진이 낳은 시인 영랑을 그리워하며 부르는 노래였다. 부드럽고 잔잔한 목소리와 시 〈모란이 피기까지는〉의 한 소절이 여성이 읊조리는 애절한 대사를 타고 노래 중간에 흘러나올 땐 그리움과 아쉬움에 가슴이 뭉클했다.

강진만 생태습지공원은 장흥 유치와 강진 월출산 계곡에서 발원한 탐진강 하구가 강진만 넓은 갯벌과 만나는 곳으로 그 위에 끝없이 펼쳐져 있는 갈대밭과 그 사이를 흐르는 갯고랑 일대를 싸잡아 붙인 이름이다. 남서쪽으론 백련사 동백 꽃망울이 여물고 있을 만덕산 자락과 남쪽으론 강진만 어귀가 초겨울 오후 햇살에 눈앞에 아슴아슴 어른거린다. 동쪽 건너편 언덕에는 청자를 굽는 고장 칠량이 보일 듯 말 듯 까마득하고, 그 아래 어디쯤 자리 잡고 있을 전통 찻집 '도향'이 눈앞에 가물거린다.

생태습지공원에 들어서자 반갑고 귀한 손님 소리에 짐짓 귀기울이며 발걸음을 멈춘다. 추운 먼 나라에서 언제 날아와 자리를 잡았는지 백조들의 '꺼우~~ 꺼우~~' 우는 소리에 강진만의 고요가 깨어나고 있다. 환영의 소리인지 경계의 소리인지 도통 가늠하기 어렵다. 청둥오리, 노랑부리저어새, 백로, 왜가리, 기러기

그리고 무리 지어 나는 가창오리 떼들로 조용했던 강진만에 생기가 돈다. 이들이 있어 강진만의 빛바랜 갈색 갈대밭과 회색빛 갯벌 위에 펼쳐지는 생동감이 태초의 원시 세계를 보는 듯하다. 철새들이 이곳을 찾는 것은 단지 먹거리만을 찾아온 것은 아닐 터이다.

초겨울 강진만 생태습지공원은 허한 마음을 달래기에 안성맞춤이다. 가벼운 바람에도 사각사각 들리는 강진만의 갈대 소리는 영혼의 속삭임이다. 발걸음을 멈추고 귀기울여 본다. 갈대의 속삭임은 마치 황혼에 접어든 노부부가 두 손을 마주잡고 "여보, 지금까지 고생 많이 했어요. 사랑해요."라고 따뜻한 이불 속에서 도란도란 속삭이는 잔잔한 사랑의 맹세 같다. 외딴 산골 너럭바위에서 자식들을 위해 새벽마다 드리던 내 어머니의 간절한 기도 소리로, 성모 마리아상 앞에서 눈물을 흘리며 자신의 죄를 고백하는 로자리오의 기도 소리로 들린다. 백련사와 다산초당 사이 우정의 길을 걸으며 소곤소곤 주고받던 다산 선생과 혜장 스님의 선문답 소리로, '모란이 뚝뚝 떨어지던 날 한 해를 다 보내고 삼백예순날 하냥 섭섭해 우는' 영랑 선생의 한숨 소리로 들린다. 갈대의 속삭임에 귀기울이며 끝없이 펼쳐진 갈대숲 사이를 빈 마음으로 한참을 걷는다.

사람들은 갈대를 하찮은 존재로 여겨 왔다. "상한 갈대를 꺾지 않으시고 꺼져가는 등불도 끄지 않으신다."는 성경 말씀으로 보아 갈대를 약하고 천한 존재로 여겼던 모양이다. 그러나 "사람은 오직 갈대일 뿐, 자연에서 가장 나약한 존재. 그러나 생각하는 존재다."라고 일갈한 철학자 파스칼이 나약한 인간을 갈대를 통해 위대한 존재로 재해석해 주었다. 나도 오늘 강진만 갈대를 나와 함께 사유하고, 사고할 수 있는 감정이입의 대상으로 그 어떤 물상보다도 더 가치 있는 존재로 재평가해 주고 싶다. 상한 갈대가 아니라 생각하는 갈대라고.

갈대숲을 지나 '백조의 다리'에 올라섰다. 갈대밭 위로 비상하는 백조를 형상화한 하얀 다리다. 차이콥스키의 〈백조의 호수〉, 순백 의상의 발레리나가 펼치는 아름답고 신비한 발레가 떠오른다. 여인으로 변해 호수에서 목욕하던 백조의 옷을 한 사냥꾼이 몰래 감춰 결혼했으나 몇 년 후 백조는 옷을 찾아 입고 다시 날아갔다는 러시아의 전설을 바탕으로 작곡한 곡이다. '백조의 다리' 위에 올라서니 자유를 찾아 하늘을 나는 한 마리 백조가 되어 끝없이 펼쳐진 강진만 갈대숲 위를 날고 있는 기분이다.

가슴에 응어리진 말 못 할 사연이 있으신가. 강진만 생태습지 공원 갈대숲을 찾아와 하소연 한번 해보시라. 혹시 아는가. '임금님 귀는 당나귀 귀'라고 바람이 불 때마다 소리쳐 외치던 갈대처럼 당신의 속마음을 대신 전해 줄 수도 있을지 모를 일이다. 세상사에 찌들고 병들어 마음이 아픈 사람이 있으신가. 이곳에 와 몸과 마음을 청량하게 씻어 가시라. 육지에서 흘러 내려오는 모든 오염물질을 말없이 정화하여 청정한 세상을 만드는 갈대가 있으니 행여 당신의 심신도 깨끗하게 순화해 줄지도 모르는 일이기 때문이다. 갈대숲을 바라보며 이런저런 회상에 잠긴 사이 어느덧 해는 서산마루에 걸려있다.

해는 백련산 너머로 넘어가고 서편 하늘과 강진만 갯골은 붉게 물들어 간다. 바람 소리, 갈대 속삭이는 소리, 물위를 달리며 박차고 오르는 백조의 비상 소리가 꺼우~~ 꺼우~~ 울어대며 편대를 지어 하늘을 나는 기러기 소리와 함께 강진만의 하루는 저물어 간다.

강진 보은산 위로 둥근 보름달이 떠오른다. 오늘밤 강진만 갈대숲은 교교한 달빛 가득 품고 잠들 것이다. 찬바람이 불어 휑했던 내 가슴에는 벌써 잔잔한 평화가 밀물처럼 밀려온다.

태백산의 상고대

눈 쌓인 새벽 태백산을 오른다. 어둠 속 새벽공기는 살을 에일 만큼 매섭다. 거친 숨을 몰아쉬며 한 걸음 한 걸음 눈길을 오르는 발걸음이 천근만근이다. 헤드 랜턴 불빛에 언뜻언뜻 보이는 길섶 나무들은 온통 눈을 뒤집어쓴 채로 어깨동무하듯 서로 부추기며 간신히 버티고 서 있다. 마치 하얀 제복을 입고 묵언수행을 하는 수도자들 모습이다. 내뿜는 숨결 때문에 점퍼에 달린 털과 눈썹, 그리고 머리카락에는 금방 하얗게 서리가 내리고 입에 썼던 마스크도 꽁꽁 얼어붙었다. 들숨을 쉴 때마다 가슴속 허파로 파고드는 냉기에 온몸은 오싹해지고 빈속은 더욱 메스껍다. 금방 얼음 나라의 에스키모인이 될 성싶다. 가파른 언덕길에서는 걸음이 더디어 거친 숨을 고를 수가 있어 그나마 다행이다. 앞사람의 뒤를 따라 땅만 보고 걷다가 고개를 들어보니 어둠 속 희미한 행렬의 모습이 구불구불 마치 가오리연 꼬리처럼 흔들거린다.

허한 속이 더욱 울렁거린다. 비상식량으로 준비해온 초콜릿을 주머니에서 하나 꺼내 입에 넣었다. 초콜릿 향과 달콤한 맛이 지쳐있는 몸과 마음을 금세 일깨워 다잡아 준다. 이 작은 초콜릿 하나에 몸과 마음이 좌지우지되다니. 세상을 살아가면서 달콤한 작은 것들에 혹하지는 않았었는지 모르겠다.

정신을 가다듬고 다시 정상을 향해 오른다. 가파른 길을 오른 후 언덕길을 오르니 칼바람이 더욱더 세차다. 세상사 오르면 오를수록 풍파는 더욱 세지는 법. 그 바람을 거스르지 못하면 정상에는 오를 수 없다. 목숨을 걸고 험한 설산을 오르는 알피니스트들이 생각난다. 검독수리가 나이가 들어 노화된 부리와 발톱을 뼈를 깎는 아픔을 견디며 새롭게 갈아서 다시 태어난 독수리로 한 생을 더 살아가듯이, 설산을 오르는 사람들은 가슴에 응어리진 슬픔과 아픔을 설산에 묻고 다시 태어나 새 삶을 살아가기 위해 목숨을 걸고 그 험한 산을 오르는지도 모른다.

영봉 태백산 천제단이 있는 정상에 도착했다. 아직도 서쪽 하늘에는 차가운 하현달이 나뭇가지에 걸려있고 여명이 서서히 밝아오고 있는 어스름한 어둠 속에 주목들이 모습을 드러낸다. 푸른 기상을 자랑하던 주목들이 앙상한 형해의 모습으로 하늘을 향해 소리 없는 함성을 외치고 있다. '살아 천년 죽어 천년'이라는 신비로운 생명력을 지닌 나무다. 삶과 죽음의 한계가 없는 생명체. 그래서 삶과 죽음이란 주목에게는 아무런 의미가 없다. 주목에 비하면 기껏해야 한 뼘도 안 되는 생을 부지하기 위해 인간은 얼마나 아등바등 안간힘을 쓰고 있는가. 강한 것 같지만 약한 것이 인간인 것을 다 부질없는 헛수고일 뿐이다. 어둠 속에 우뚝 서 있는 주목 앞에 서니 경건한 마음에 머리가 숙여진다. 고산지대 영산靈山에서만 군락을 이루고 있는 주목朱木은 수만 년을 우리와 함께 삶과 죽음의 순환을 통해 오늘도 부활하는 중이다. 살아 푸르름은 사바세계의 환희를, 죽어 풍상에 깎인 백골의 모습은 피안의 숭고미를 더해 준다. 오늘 새벽에도 마른 주목의 가지에 눈꽃이 피어나 찬란한 아침을 맞이하고 있다.

호말 떼처럼 불어닥치는 매서운 삭풍을 피해 바람막이 천제단 아래로 등산객들이 남극의 펭귄 무리처럼 뒤뚱거리며 모여들고 있다. 얼어붙은 산 위로 아침 해가 솟아오른다. 순간 두 손을 모아 입에 대고 솟아오르는 아침해를 향해 함성을 지른다. 퍼져가는 함성이 어디쯤에서 얼어붙어 뚝 떨어질지는 모르는 일이지만 등산객들의 얼굴에는 환한 꿈과 소망으로 가득하다. 아침 일출을 맞이한 태백산맥 정상에는 새로운 또 다른 날의 시작이다.

밤안개로 떠돌던 물방울들이 주목 가지에 얼어붙어 하얀 눈꽃 세상을 이루었다. 태백산의 상고대다. 앙상하게 마른 나뭇가지에 이처럼 신비스러운 눈꽃이 피어나는 것은 자연이 아니면 빚어낼 수 없는 성스러운 작품이다. 바닷속 산호밭을 옮겨놓은 듯 더욱 신비스럽다. 해가 솟아오르자 나뭇가지에 피어난 상고대가 아침 햇살에 밤하늘의 별처럼 영롱하게 반짝인다. 밤새 혹한을 견디며 탄생한 태백산의 상고대, 그러나 그 아름다움도 순간이다. 찬란한 아름다움이 아쉬워해야 할 찰나의 여유도 없이 스러져 간다. 허무의 극치를 본다. 오늘의 상고대가 지고 내일은 또 다른 상고대가 피어날 것이다. 사람들이 왜 이곳에 제단을 쌓는지 알 것 같다. 인간의 힘으로는 결코 범접할 수 없는 신비함과 자연의 성스러움이 존재하기 때문이 아니겠는가.

몸이 꽁꽁 얼어 더 버틸 자신이 없어 천제단 정상을 뒤로하고 아쉬운 발걸음을 휴게소로 향한다. 남향받이에 자리한 휴게소의 따뜻한 기운에 금방 몸이 녹는다. 동료가 건네준 한 잔의 커피로 꽁꽁 얼었던 몸과 마음도 풀린다. 잠시 꿈을 꾼 것일까. 태백산의 상고대 속에서 아직도 헤매고 있는 듯 순간의 아름다움을 위해 밤새 추위 속에 떨고 있었을 상고대가 눈앞에서 지워지지 않는다.

우리나라 고산지대에서만 군락을 이루고 있는 주목 상고대를 언제까지 볼 수 있을까. 지구 온난화로 한반도에서의 상고대 현상도 점차 사라질 운명이라니 아쉬움부터 앞선다. 상고대의 아름다움을 영원히 볼 수 있는 대책은 없는 것일까. 터벅터벅 태백산에서 내려오는 발걸음이 무겁기만 하다.

강양항의 일출

스마트폰 알람 소리에 깨어 일어났다. 옷을 주섬주섬 입고 눈을 비비며 거실로 나오자, 둘째 사위가 벌써 나와 소파에 앉아 있다. 장인이 오늘 새벽 강양항 일출을 촬영하러 간다는 사실을 알고 운전해 주려 미리 준비하고 나온 모양이다. 사위는 외항선에서 임무를 마치고 홍콩에서 어젯밤에 귀국한 몸이라 몹시 피곤했을 텐데 그것은 아랑곳없이 이리 일찍 깨어난 것이다.

카메라 배낭과 삼각대를 챙기고 차에 올랐다. 사위가 운전대를 잡았다. 출발하고 얼마나 지났을까, 내가 먼저 입을 열었다.

"어디 갈 곳은 정하고 온 거야?"라고 묻자, 사위는 한참이나 지나서 "어디 갈 곳 없겠어요." 힘없이 대답했다.

그 말이 전부였다. 강양항까지 약 1시간 동안 침묵의 시간이 흘렀다.

며칠 전, 사위가 다니던 해운회사가 역사 속으로 사라질 운명에 처하게 된다는 뉴스를 듣자 가슴이 철렁했다. 회사가 파산되면 자동으로 사위가 실직자가 되는 것은 불을 보듯 뻔한 일이다. 이런 상황에서 사위의 마음이 편할 리가 있겠는가. 그렇다고 어디 갈 곳이 딱히 정해진 것도 아닐 텐데 오늘 새벽 장인을 위해 운전하겠다고 나선 것이 기특하기도 했지만 미안함이 훨씬 더했다.

지금부터 20여 년 전, 우리나라가 IMF라는 국가부도 사태를 맞게 되었다. 기업들이 쓰러지고 노동자들은 대량 해고로 가정파탄과 노숙과 자살 소식이 연일 보도되었다. 외국 자본들이 썰물처럼 빠져나가자 주식시장은 공황 상태가 되었고, 국가의 신용 상태는 끝을 모르고 추락했다. '국민의 정부' 취임식에서 대통령은 국가부도 사태를 꼭 이겨내자는 다짐을 하며 눈물을 감추지 못했던 그때의 모습이 지금도 눈에 선하다. 나도 그 여파로 3년이나 정년이 단축되었다. 나이 많은 교사 한 사람을 해고하면 신임교사 세 명을 채용할 수 있다는 지극히 편협적인 경제 논리에 바탕을 둔 처사였다. 교육 현장의 본질을 이해하지 못하고 자행한 탁상공론이었음이 나중에 입증되긴 했지만 한번 정년이 단축된 교사들은 억울하게 교단에서 빨리 물러나야만 했다.

그때 가장 나의 마음을 울렸던 것은 꼬마 아이들이 부르던 노래 〈아빠! 힘내세요〉였다. 꼬마아이들이 부르던 "아빠! 힘내세요. 우리가 있잖아요. 아빠! 힘내세요. 우리가 있어요." 노래가 귓가에 지금도 쟁쟁하다. 그 노래를 불러 힘들고 지쳐있던 아빠들에게 힘을 실어 주었던 아이들이 20여 년이 지난 지금 또다시 일자리가 없어 삼포 시대, N포 시대 하는 소리를 들을 때면 실직당할 사위와 손녀들의 앞날을 보는 것 같아서 가슴이 저려 왔다. 이런 저런 상념에 빠져있는 사이에 벌써 강양항에 도착했다.

동쪽 하늘이 서서히 붉어질 무렵, 밤새 고기잡이하던 배들이 항구로 돌아오자 배 위에는 갈매기들이 떼를 지어 날고 있다. 고깃배가 고기를 싣고 들어오는 것을 갈매기는 어찌 알고 배 위를 선회하며 끼룩끼룩 소리, 소리를 지르는지 도무지 알 수 없다. 그저 고기 잡으러 나가는 배와 고기를 싣고 들어오는 배를 구분할 줄 아는 갈매기의 분별력에 감탄을 금할 수가 없을밖에.

벌써 강양항 해변에는 일출을 촬영하러 온 사진작가들로 빈자리가 없다. 하는 수 없이 염치 없지만 이들을 비집고 들어가 간신히 삼각대를 세울 만큼 자리를 차지했다. 하지만 오늘 바다에 물안개가 피어나기는 틀린 모양이다. 온도 교차가 커야 해무가 바다에서 피어오르는데 날씨가 그렇지 못하다. 그렇다고 강양항의 일출 모습을 망친 것은 아니다. 어떤 상황일지라도 이곳의 일출은 보는 이의 마음을 사로잡기에 충분한 매력이 있다.

수평선 멀리 짙은 구름띠가 드리워져 있다. 해가 막 솟아 올라오는 순간, 붉은 강한 빛줄기가 구름을 뚫고 하늘을 향하여 솟구쳐 오르자 바다도 주황빛으로 변한다. 수평선 아래에 숨어있던 해가 삐그시 얼굴을 내밀며 서서히 떠오르기 시작하자, 오늘 '운좋게도 오메가(omega)를 볼 수 있겠구나.' 라는 생각에 몹시 긴장이 되었다. 카메라 뷰 파인더를 통해 숨죽이며 결정적인 순간을 기다리고 있는데 매정하게도 해는 다시 구름 속으로 숨고 만다. 주황색 바다 빛과 짙은 회색빛 구름띠 위로 펴져 있는 붉은 하늘을 보며 한참이나 할말을 잃고 있었다. 해가 다시 구름 속으로 숨어들자 바다의 황홀한 빛이 사라지고 구름은 더욱 강한 회색으로 짙어간다.

한참이나 하늘을 바라보고 있는 순간, 옆구리를 꾹 지르는 느낌에 뒤돌아보니 사위였다. 따뜻한 캔 커피 하나를 건네주며

"추운데 마시면서 하세요. 오늘 일출 정말 아름답네요."

사위가 환한 웃음을 잃지 않고 서 있다. 자기의 실직에 걱정하는 장인을 위로하기 위한 웃음이 아니었을까? 그 순간 내 가슴에 뜨거움이 울컥 느껴졌다. '그래 아무리 힘들어도 다 이겨 낼 수 있을 거야. 아침에 떠오르는 저 태양처럼. 하나님께서 확실히 널 지켜 주실 테니 걱정하지 말거라.' 하는 강한 믿음이 생겼다. 잠시 후에 구름 속에 숨었던 해가 하늘을 향하여 힘차게 떠올랐다.

한참 사진을 찍다 주위를 둘러보니 그 많던 '진사'들이 거의 빠져나가고 몇몇만 남아있다. 서둘러 장비를 챙겨 차에 실었다. 한마디 말도 없던 사위도 돌아올 때는 자분자분 말을 하기 시작했다. 기분이 많이 밝아진 모양이다. 일출이 좋아 스마트 폰으로 찍

어 카톡으로 아는 사람들에게 전송했다고도 했다. '우리 사위, 힘들고 우울했던 지난해는 다 보내고 희망찬 새해를 맞이했으면 좋겠다. 솟아오르는 저 붉은 태양처럼 우리 사위도 좋은 일자리로 새로운 삶을 힘차게 시작할 수 있으리라. 귀여운 우리 손녀, 민지와 민경도 밝은 웃음 잃지 않고 천사처럼 곱게 잘 자라 주었으면 좋겠다.' 오늘 교회에 가서 드려야 할 기도 제목이다.

돌아오는 길에 한참을 지나다 다시 동해를 바라본다. 밝게 웃는 사위의 얼굴과 붉은 아침 해가 중첩되어 눈앞에 어른거린다. 붉은 아침노을이 온 하늘로 점점 더 퍼져가고 있다.

6부

서강은 말없이 흐르고

다산茶山의 영정 앞에서

다산초당에 가는 길이다. 사랑하는 사람을 만나러 가는 기분이 이럴까.

백련사 동백 숲을 지나서 차밭을 끼고 돌아 산길을 오르니 등골에 땀이 촉촉이 젖어 든다. 그렇다고 험하고 힘든 산길은 아니다. 남도의 인심만치나 편안하고 안온한 만년산 자락길이다. 길섶에 수줍은 듯 피어난 분홍빛 진달래가 생끗 웃으며 반가이 인사를 하고, 물기를 흠씬 머금은 야생 차나무의 참새 혓바닥 같은 연둣빛 새싹들이 재잘거린다. 고갯마루에 앉아 한숨을 돌리고 나서 다시 내리막길로 들어서는데, 난데없는 울창한 시누대나무 숲이 가벼운 살랑바람에도 속살거린다. 다산 정약용(1762~1836)과 혜장선사(1772~1811)가 차를 마시며 인생을 논하고 싶을 때면 서로 오가던 그 우정의 오솔길이 아닌가. 두 분께서 선문답을 하며 함께 걸었을 이 길이 '지혜의 길'이지 싶어 한없이 걷고 싶다. 한참

내리막길을 걷다 오른쪽으로 꺾어 도니 바로 깊은 숲속에 다산초당이 아늑하게 자리하고 있다.

예전에 책을 통해 선생을 몇 번 뵌 적은 있지만 그분의 영정이 모셔져 있는 초당을 직접 찾은 것은 이번이 처음이다. 마음속에 항상 흠모하는 선생을 이제야 찾아와 영정 앞에 서니 죄송한 마음이 그지없어 똑바로 선생의 영정을 바라볼 수도 없다. 마치 수하에서 글공부를 하던 제자가 잠시 선생 곁을 떠났다 다시 돌아와 무릎 꿇고 선생께 아뢰듯이 '선생님, 너무 늦게 찾아와서 죄송합니다.'라고 속으로 인사를 드렸다.

"아닐세. 이곳까지 찾아오느라 수고가 많았네. 그동안 얼마나 사는 것이 힘들었으면 이제야 찾아왔겠나." 하시는 것 같았다.

젊은 시절에 읽은 황인경이 쓴 《소설 목민심서》에서는 귀양살이 온 나약한 한 선비를 향한 연민의 정과 아침 이슬같이 맑은 그의 영혼을 보며 가슴 아파 했었고, 다산 선생이 직접 쓴 《목민심서》에서는 공직자로서 지켜야 할 덕목과 도리를 가르치는 엄격한 스승의 모습을 보았었다. 박석무 선생의 《유배지에서 보낸 편지》에서는 아버지로서 도리를 다하지 못함이 못내 아쉬워 자식들이 정직하고 반듯하게 살아가기를 바라는 아낌없는 부성애를 느꼈었고, 소설가 한승원의 《다산 정약용》에서는 주자학을 숭상하면서도 천주교를 받아들인 실학자로서 균형 잡힌 사상과 이상 그리고 민족 비극의 뿌리인 당파싸움의 처절함을 깨닫게 해

주었었다. 아이러니하게도 선생 자신은 당파싸움의 희생양이 되었지만, 이곳 강진 귀양살이 동안 수많은 저서를 남겼고 제자들을 가르치셨으니 이 지역 후대들에게는 큰 스승을 얻는 행운을 갖게 된 셈인지도 모를 일이다.

"선생님, 저에게도 삶의 지혜를 가르쳐 주십시오. 영암군수 이종영에게 주셨던 육자비전六子閟詮[1] 같은 큰 가르침 말입니다."

선생의 영정을 바라보며 간곡한 마음으로 간청을 드렸다. 그러나 선생은 아무런 말씀이 없으시다. 그저 둥근 안경테 너머로 지그시 바라보며 미소만 짓고 계신다. 그럴 만도 하다. 난 공직에서 물러난 지 한참이나 지났으니 《목민심서》의 가르침과는 거리가 멀어서 그러는 것일 게다. 그러나 난 마지막 여생의 삶을 지혜롭게 살고 싶어서 하는 소리다. 만일 선생께서 나에게 줄 지혜의 말씀이 있다면 빌 공空 여섯 글자라도 주지 않았을까. 여생을 잘 마무리하기 위해서는 모든 걸 비워야 하지 싶어서다. 세상 재물에 관한 욕심도 비워야 할 것이고, 육신의 정욕에 관한 욕망도 버려야 할 것이고, 세상 명예나 권력에 관한 욕심도 버려야 할 것이다. 그래서 물욕을 비우면 마음에 여유가 생길 것이며, 또한 정욕에 관한 욕심을 비우면 마음이 한결 청결해지리라. 그렇게 모든 걸 비우고 나면 몸과 마음 그리고 영혼까지도 가벼워져 삶의 향기가 피어나지 않겠는가.

선생의 영정 앞에서 고개 들어 일어서니 이제야 초당이 눈에 들어온다. 들어오는 길목에 자리한 동암東庵은 선생께서 글을 읽고 집필했던 곳으로 그 유명한 《목민심서》가 태어난 곳이고, 추사 김정희가 직접 썼다는 '茶山草堂'이란 현판을 달고 서있는 본체는 제자들을 가르치던 서당과도 같은 곳이다. 옆 마당에는 조그마한 연못이 하나 있다. 선생께서 직접 파고. 바닷가에서 주워온 돌로 산을 쌓고, 만덕산 물줄기를 끌어와 연지석가산蓮池石假山이란 이름을 붙여 잉어를 길렀다는 연못이다. 물고기를 보면서 그날그날 일기를 예측하기도 했다니 실학자임을 몸소 실행한 곳이리라. 큰 여자 궁둥이만 한 마당가에는 아름드리 후박나무 몇 그루가 하늘 높이 솟아 있고 초당 뒤편에는 고만고만한 동백나무들이 우거져 흐드러지게 붉은 동백꽃이 피어있다. 아늑한 초당을 한 바퀴 조심조심 돌아보며 다산 선생의 혼이 담긴 흔적들을 이곳저곳 만져보았다. 이 적적한 산중에서 그 오랜 세월 동안 선생의 삶이 얼마나 고적했을까. 생각만 해도 코끝이 시큰해진다.

초당 입구 언덕에 서있는 정자 천일각天一閣에 올라 강진만 구강포를 바라보았다. 저 먼 섬 흑산도에 유배된 형이 그리울 때면 선생께서는 이곳에 올라 멀리 바다를 바라다보곤 했으리라. 강진만

저 멀리 그 옛날 두 분의 형제애가 봄 아지랑이처럼 모락모락 피어오르는 것만 같다.

다산초당을 떠나 속세로 돌아가려니 다시 마음이 무거워진다. 좌우대립의 이념전쟁으로 나라는 하루도 조용할 날이 없고 나라 살림은 파탄으로 서민들의 삶이 도탄에 빠져있는데, 이 나라가 나아갈 길을 밝혀줄 어른이 없다. 다산 선생과 같은 큰어른이 살아 계신다면 이 난세를 풀어갈 지혜를 줄 수도 있으련만 하는 생각이 들어 안타까운 마음뿐이다.

언제 다시 뵈올지 모를 다산 선생과 아쉬운 작별을 하고 백련사로 가는 오르막길을 따라 휘적휘적 발길을 돌린다.

퇴계의 향기

천 원권 지폐 한 장을 펼쳐 들었다. 뜬금없이 웬 천 원권 지폐냐고 의아해할 수도 있겠지만 지난 늦가을에 안동 도산서원 기행을 다녀온 후로 지금까지 무관심했던 천 원권 지폐에 관심이 생겼다. 화폐의 정면에 그려진 매화 한 떨기와 이황 퇴계 선생의 초상, 후면에 인쇄된 산수화 〈계상정거도溪上靜居圖〉 속에 선생의 인생 스토리가 살아 숨쉬고 있기 때문이다.

퇴계 선생을 생각하면 우선 선비정신이 떠오른다. 선비정신이란 성리학의 교리에 근거하여 의리와 지조를 중시하고 인간의 도리와 신념을 일관되게 지키려는 정신을 말함일 것이다. 안동의 선비로서 풀 먹인 까슬까슬한 삼베처럼 융통성 없고 대쪽같이 올곧은 인물일 것으로 생각하겠지만, 막상 도산서원 박물관에서 마주한 선생의 초상화는 마치 시골 훈장님처럼 포근하고 안온하여 보는 순간부터 마음이 따뜻해졌다. 갸름한 얼굴에 하얀 턱수염과 인자한 눈길, 살며시 미소까지 짓는 듯한 표정은 선비의 차가운 모습이 아니라 인간의 진한 향기가 풍기는 모습이었다.

인간미를 지닌 퇴계 선생을 말할 때 빠뜨릴 수 없는 것이 매화다. 단양 군수 시절에 만난 관기 두향杜香과 짧았지만 아름답고 애절한 사랑 이야기는 지금도 뭇사람들의 입에서 오르내린다. 채 일 년도 함께하지 못하고 풍기 군수로 제수받아 임지로 떠나는 선생에게 두향이 수석 두 개와 매화분 하나를 선물로 주었다. 그리고 그 후로 둘은 평생 만나지 못하고 마음으로만 사랑하고 지냈다는 이야기다. 헤어질 때 두향으로부터 받은 매화분을 선생은 어디를 가든지 항상 곁에 두고 평생을 같이했으니 이런 지조 있고 애틋한 사랑을 오늘날 어디에서 찾아볼 수 있을 것인가. 심지어 유명을 달리하는 순간에도 "매화에 물을 주거라."라고 했다는 말은 오늘날 문인들 사이에서도 자주 회자되는 말이다. 매화를 사랑했던 선생이 매화를 소재로 쓴 시만도 100여 편이 넘는다. 천 원권 화폐 정면에 피어난 한 떨기 매화에서 두 사람의 애절하고 순수한 사랑의 향기가 물씬 풍기는 듯하다.

黃卷中間對聖賢 황권중간대성현

虛明一室坐超然 비어있는 방안에 초연히 앉았노라

梅窓又見春消息 매화 핀 창가에서 봄소식을 다시 보니

莫向瑤琴嘆絶絃 거문고 마주앉아 줄 끊겼다 한탄 마라

선생께서는 빛바랜 누런 책에서 옛 성현들의 글을 읽다가도 이른봄 분에 피어난 매화를 보면 문득문득 두향이 그리워졌던 모양이다. 퇴계 선생의 인간미는 단지 남녀 간의 사랑에서만 멈추는 것이 아니었다. 청상과부가 된 둘째 며느리에 대한 그의 배려는 너무도 인간적인 아름다움의 극치였다.

홀로 사는 며느리가 안쓰러워 밤이면 항상 집을 살펴보곤 했던 그가 어느 날 밤 며느리가 방에서 누군가와 두런두런 이야기하며 주거니 받거니 술잔을 나누는 소리에 혹시나 하는 마음으로 문틈을 들여다보는 순간, 며느리가 죽은 남편의 허수아비를 앞에 두고 살아생전처럼 말을 주고받으며 한을 달래고 있는 것이 아닌가. 이 광경을 목격한 선생은 청상과부인 며느리가 얼마나 가련하고 불쌍하던지 당장 그다음 날 아침에 며느리를 달래서 친정으로 보내 다른 곳으로 개가하도록 길을 열어 주었다.

유교 교리를 목숨만치나 중하게 여기던 선비로서 쉬운 일이 아니었겠지만, 여성을 배려한 그의 생각이 오늘날보다 몇 백 년을 훨씬 앞섰음을 알 수 있다. 그 후 어느 날 선생께서 한양 길을 가던 중 날이 저물어 묶게 된 여관에서 먹었던 한끼 저녁 밥상이 어디서 많이 먹었던 손맛이었으며, 아침에 길을 떠나려 하자 집주인이 버선 한 켤레를 신고 가라며 내주었던 그 버선도 발에 꼭 맞는 것이었다. 그제야 며느리가 그 집으로 시집와서 잘살고 있다는 것을 깨닫고 안심하고 길을 떠났다는 훈훈한 이야기에 가슴이 뭉클해진다. 퇴계 선생은 오늘날 주장하는 페미니즘을 시대를 앞서 몸소 실천한 인본주의 사상가였음이 틀림없지 싶다.

화폐 뒷면에 나오는 〈계상정거도〉는 선생의 조상들이 대대로 살아온 마을 풍경을 정선鄭歚(1676~1759)이 그린 산수화로 보물 제585호다. 확대경으로 들여다본 그림 속에는 집안에 한 사람이 글을 읽고 앉아 있다. 이 집이 선생께서 글을 가르치던 '계상서당'이다. 그 속에 앉아 있는 이가 아마도 벼슬을 마치고 낙향한 글 읽는 모습의 선생이 아니었을까. 그의 명성을 듣고 사방에서 구름처럼 몰려드는 제자들 때문에 계상서당이 비좁아 도산 자락 낙동강 변에 새로 자리를 잡은 곳이 지금의 '도산서원陶山書院'이다.

그림 속의 서당을 보니 불현듯 나의 조부님 생각이 떠오른다. 내가 태어나기 한 해 전에 돌아가셔서 얼굴을 뵌 적이 없지만, 어머니께서 일러주신 태몽 속의 조부님 모습이 어쩌면 퇴계 선생과 같은 저런 인자한 선비 모습이 아니었을까. 향교나 서원이 없어 글공부를 마땅히 할 수 없던 섬마을에 방 한 칸짜리 작은 서당을 자택에 열어 인근 인재들을 모아 글을 평생 가르치다 가셨으니 나의 조부님도 퇴계 선생처럼 맹자의 군자삼락君子三樂 중 세 번째 낙인 천하의 영재를 얻어 가르친 기쁨(得天下英才而敎育之三樂也)은 누리셨지 싶다.

한 장의 천 원권 지폐 속에서 이황 퇴계 선생의 인생 스토리를 읽을 수 있었다. 퇴계 선생은 평생 한 여인만을 진정 사랑했던 지고지순한 순애의 표본이자, 시대를 앞서 페미니즘을 몸소 실천한 인본주의 사상가이며, 관직을 마다하고 낙향하여 지역 인재를 양성했던 헌신적인 교육자의 길을 몸소 실천하셨던 분이었다.

돌아오는 봄에 도산서원을 다시 찾아가 뜰 앞에 피어난 매화 향기에 취해 보리라. 성리학자가 아닌 인간 퇴계의 향기를 다시 한 번 가슴 가득히 품어 보리라.

하회탈춤

늦가을 어느 날 오후, 안동 하회마을에 들어섰다. 마을에는 이 집 저집 초가지붕 이엉 잇기가 한창이다. 운 좋게도 가는 날이 장날이라 하회별신굿 탈춤을 공연하는 날이었다. 웬 횡재냐 싶어 얼른 공연장으로 내달렸다. 입구에는 곱게 단장한 각시탈이 몰려드는 관람객들을 반가이 맞이하고 있다.

서낭신이라고도 불리는 '각시탈'이 무표정한 얼굴로 무동을 타고 양팔을 들어 덩실덩실 춤을 추며 마당에 들어선다. 하회별신굿 탈춤이 시작된 것이다. 잠시 포수의 꿩 사냥 한 마당이 펼쳐진 뒤, 눈알을 부라리며 안면 근육이 울퉁불퉁 꿈틀대는 '백정탈'이 황소 한 마리를 끌고 마당으로 들어선다. '백정탈' 뒤를 따르는 누런 황소가 큰 저울추 같은 우낭을 뒷다리 사이로 덜렁거리며 걷는다. 마당을 한 바퀴 돌더니 황소가 한쪽 다리를 번쩍 들어 관람석을 향해 오줌을 물총처럼 쏴 갈기자 갑작스러운 오줌 벼락에 관람석은 혼비백산이다. 몇 바퀴 마당을 돌고 나더니 '백정탈'이 도끼로 황소를 때려눕혀 간과 불알을 떼내어 높이 들고서 관람석을 향해 "이것은 특히 남자에게 좋은 거라우."라고 음흉한 눈웃음을 치며 너스레를 떨자, 까르르 웃는 아낙네들의 웃음소리가 공연장 마당을 한참이나 나뒹군다.

한바탕 웃음도 잠시, 공연장 분위기가 휙 바뀐다. 힘없이 어깨가 축 처져있는 '할미탈'이 베틀 위에 앉아 있다. 청상과부로 살아온 팔자가 한이 맺혀서인가 보다. 과부는 예나 지금이나 외롭기는 매한가지. 외로움을 달래려 베틀 위에 앉은 채 두 팔을 벌려 춤을 춰보기도 하고 하늘을 향해 고개를 들어 무언가 하소연해 보지만 도통 양에 차지 않는 모양이다. 하여 일어서서 마당 한가운데로 나와 두 팔을 흔들며 다리를 번갈아 들어올려 덩더꿍 춤을 추어 보지만 결코 흥은 살아나지 않는다. 베틀 위에 앉아 있는 할미탈의 굽은 등 뒤로 서러운 한이 소리 없이 흐른다.

잠시 후 묵직한 염주를 목에 걸고 목탁을 두드리며 음흉한 표정을 짓는 '중탈'과 둥글고 가느다란 눈썹과 실눈 웃음을 짓는 반반한 얼굴의 '부내탈'이 들어선다. 갸름한 얼굴에 초승달 같은 눈썹이며 오뚝한 코와 작은 입, 눈과 입가에 번지는 미소를 따라 흐르는 끼가 기생이거나 뉘 부잣집 영감 애첩임이 틀림없다. '부내탈'이 오금춤을 한참 추다가 마당에 주저앉아 치마폭으로 살짝 엉덩이를 가리고 오줌을 눈다. 실눈으로 바라보던 '중탈'이 '부내탈'이 자리를 뜨기가 무섭게 허겁지겁 달려가 넙죽 엎드려 코를 땅에 박고 오줌 냄새를 맡는다. 오줌이 묻은 흙을 두 손으로 움켜쥐고 냄새를 벌름벌름 맡다가 마치 황소가 암소 오줌 냄새를 맡고 하늘을 향해 소리 없이 웃듯이 '중탈'도 하늘을 향해 입을 벌려 소리 없이 웃는다. '부내탈'에 매혹되어 정신없이 놀다가 이내 '중탈'은 삿갓을 벗어 던지고 '부내탈'을 등에 업고 무대 뒤로 사라진다. 황진이의 유혹에 30년의 면벽참선面壁參禪을 한 지족선사知足禪師의 염불 '나무아미타불 관세음보살'이 공염불이 되고 만 것처럼, '중탈'의 체신도 허허로울 뿐이다. 부처님은 저런 모습에도 그저 미소만 짓고 계실 텐가.

다음으로 합죽선을 펼쳐들고 너털웃음을 짓는 '양반탈'과 턱이 뾰쪽하고 눈망울이 톡 튀어나와 방정맞게 보이는 '초랭이탈'이 등장하고, 눈꼬리를 치켜뜬 근엄한 표정의 '선비탈'과 턱이 없어 바보처럼 보이는 '이매탈'이 들어선다. 또 언제 마당에 들어왔는지 '부내탈'이 엉덩이를 살살 흔들며 두 팔을 들어 춤을 추고 있다.

우선 '선비탈'이 '부내탈'을 유혹하려 든다. 유식한 척 어려운 한자어를 섞어 가며 학식을 자랑하자 '부내탈'은 다리를 꼬고 오금춤을 추기도 하고, 손가락을 턱에 대고 머리를 좌우로 까닥거리며 비웃듯이 맞장구를 치기도 하고, '선비탈'의 어깨를 주무르며 애교를 떨기도 한다. 이때 '선비탈'의 라이벌이 등장한다. 쫙 펴진 부채를 손에 들고 팔자걸음으로 거들먹거리는 '양반탈'이다. '선비탈'과 '양반탈' 사이에 '부내탈'을 두고 쟁탈전이 벌어진 것이다. '양반탈'이 등장하자 '선비탈'과 놀던 '부내탈'이 이번에는 '양반탈'과 춤을 추며 빙글빙글 돌아간다. '양반탈'의 얼굴은 철 지난 목단마냥 시들해 보인다. 잡힐 듯 잡히지 않는 '부내탈'을 향한 양반의 애간장이 오죽이나 타면 저런 표정을 지을까. 여우 같은 '부내탈'은 한껏 매혹적인 미소로 '양반탈'을 홀린다. 콧대 높은 '선비탈'이나 지체 높은 '양반탈'도 분내 나는 여자 앞에서는 사족을 못 쓰고 오금도 펴지 못하는가 보다.

이러는 사이 체통 없이 구는 '선비탈'과 '양반탈'을 '이매탈'과 '초랭이탈'이 뒤따르며 재치 있는 농담과 해학으로 주인을 조롱하는 것이다. '초랭이탈'이 '양반탈' 뒤에서 손가락질하며 비웃는다. "에이, 지가 무슨 양반이라고. 등신, 정말 등신이야."라고 히죽거린다. '이매탈'도 질세라 '선비탈' 뒤에서 선비의 거드름을 비아냥거리며 절뚝절뚝 걷다가 고개를 들어 어이없다는 듯 하늘을 향해 헛웃음을 치며 비칠거린다. 턱이 없이 웃어대는 '이매탈'의 웃음이 공연장을 가득 메운다. 종들의 반란이다. 이런 버릇없는 아랫것들의 반란을 보면서, 말 못하고 억눌려 살아가던 민초들의 마음이 얼마나 통쾌했을지. 하회별신굿 탈춤의 대반전이다.

탈춤이 절정을 지나 대단원에 이르자 이윽고 탈춤 공연자들과 관객들이 모두 마당으로 나온다. 탈춤 한마당으로 하회별신굿 탈춤은 대미를 장식한다. 광대들이 일렬로 늘어선다. 그리고 관람석을 향해 탈을 벗어들고 덥석 허리를 숙여 인사를 하자 환호와 박수갈채가 터져 나온다. 탈 뒤에 숨은 진짜 얼굴은 구레나룻과 턱수염이 더북한 노인들이었다. 진짜 얼굴에 관객들은 다시 한 번 놀라며 박수갈채를 보낸다. 자신도 탈을 쓰고 세상을 살아가고 있다는 사실을 까마득히 잊어버린 채…….

오늘날 사람들은 자신을 드러내려 하지 않는다. 상황에 따라 몇 개의 페르소나(persona)를 골라 써가면서 탈춤을 추며 한세상을 살아가고 있는 것이다.

서강西江은 말없이 흐르고

만산홍엽, 온산에 단풍이 붉게 물들어 어디론가 떠나고 싶어 나섰지만 막상 강원도 영월 땅 청령포로 목적지를 정하고 나니 설레기보다는 오히려 마음 한구석이 숙연해진다. 청령포는 남한강 상류의 한 지류인 서강西江이 굽이쳐 휘돌아 삼면이 강으로 둘러싸여 있고 서쪽은 육륙봉六六峰의 험준한 암벽이 솟아있어 배가 아니면 건널 수 없는 육지 속의 고도孤島, 감옥과도 같은 곳이다. 이곳은 어린 단종이 유배되어 열일곱 나이에 한 많은 생을 미감한 슬픔이 서린 비운의 땅이다. 거의 세 시간을 차를 몰아 찾아간 청령포는 어느덧 해가 뉘엿뉘엿 서산마루로 기울고 있었다.

나루터 광장에 붉게 산화된 철제 조형물 하나가 우뚝 서 있다. 청령포를 바라보며 말없이 서 있는 조형물이 마치 유배된 임금을 찾아왔다 알현하지 못하고 세상을 한탄하며 돌아섰던 매월당 김

시습의 모습이지 싶어 온갖 풍상에도 흔들리지 않는 절개로 한 임금만을 바라보는 진정한 선비의 모습을 보는 듯하여 가슴이 뭉클해진다.

서강을 건너 청령포에 들어섰다. 세월의 흔적이 서린 이끼 낀 몽돌들이 강가 이곳저곳에 널브러져 있고 단종 어소로 이어지는 길가에는 철갑을 두른 소나무들이 열병하는 병사들처럼 길 양옆으로 도열하고 서 있다. 옷깃을 여미고 숙연한 마음으로 단종 어소御所에 들어서니 아름드리 소나무 한 그루가 담장 너머에서 예를 올려 절을 하듯 허리를 굽혀 어소를 향해 휘어져 있는 모습이 눈길을 끈다. 단종의 시신을 수습해 지금의 장릉에 묻은 엄홍도嚴興道의 충절을 기려 '엄홍도 소나무'라고 불린다. 그리고 목숨을 걸고 임금을 끝까지 지키려 했던 사육신과 생육신의 절개를 말하는 듯 소나무들이 하늘을 향해 곧게 서서 어소를 호위하고 서 있다. 쪽빛 조끼와 하얀 무명 저고리에 바지 차림을 한 어린 단종은 안방 앉은뱅이책상 앞에 앉아 글을 읽고, 그 앞에는 한 하인이 납작 엎드려 어명을 기다리는 듯 일어설 줄 모르는 밀랍 모형이 그 옛날의 모습을 보는 것 같아 마음이 더없이 애잔하다. 단종이 노산군으로 강등되어 유배된 어소라는 걸 알리기 위해 영조 37년에 앞마당에 세워진 푸른 단청의 비각 안에는 왕의 친필로 '단종이 이곳에 계실 때의 옛터'라는 뜻의 비문 '端廟在本府時遺址단묘재본부시유지'라 쓰여 있는 비석이 마치 슬픔에 겨운 상주처럼 묵묵히 관광객들을 맞이할 뿐이다.

단종 어소를 둘러보고 숲길을 따라 돌아가니 '이곳의 출입을 금한다.'라는 '금표비禁標碑'가 서 있다. 오랜 세월 청령포를 지키느라 풍상에 씻기고 닳아 초췌한 모습이다. '이젠 왕의 명령도 통하지 않는구나.'라고 한탄하듯이 지나가는 관광객들을 묵묵히 바라볼 뿐이다. 소나무 숲속에 우뚝 서 있는 또 하나의 장대한 소나무, 키가 30m에 달하는 우리나라 소나무 중에서 가장 키가 크다는 관음송觀音松이다. 이 소나무는 단종의 유배 생활을 지켜본 산증인이다. 단종의 비참한 모습을 보고 오열하는 소리를 들었다 하여 '볼 관觀', '소리 음音'자를 써서 관음송이라 했다던가. 유배 온 단종이 고향이 그리울 때면 이 소나무 가지에 걸터앉아 서쪽 하늘을 바라보며 마음을 달랬다고 한다. 이 나무는 600여 년의 세월이 흘렀음에도 한결같이 푸르러 한쪽 가지는 단종의 고향 하늘 서쪽을 향해 있고 또 다른 가지는 하늘로 곧게 솟아 절개를 지키는 늠름한 장수의 모습으로 서 있다. 멀리 고향을 바라보며 시름에 잠겼다는 노산대와 한양에 두고 온 정순왕후를 생각하며 쌓았다는 망향탑을 바라보니 단종의 마음이 내 마음인 듯 마음 한편이 더욱 아려온다.

고도인 청령포는 단절과 고립, 고독과 외로움, 그리고 언제 닥칠지도 모르는 죽음의 공포를 떠오르게 하는 곳이다. 데이비드 리스만(David Riesman)이 "군중 속의 고독"이라 했던가. 대중사회 속에서 타인들에 둘러싸여 살아가면서도 내면의 고립감으로 번민하는 현대인들의 심리를 대변하는 말일 것이다. 현대인들은 누구나 마음의 '청령포'에 갇혀 사는지도 모른다. 더욱이 사회의 약자들이나 노인들에게는 가정이나 사회 국가로부터 느껴지는 차별이나 냉대가 어쩌면 단종이 느꼈던 외로움에 못지않을 수도 있을 것이다. 현대사회에서 살아가면서 누구나 느끼게 되는 고독이라는 말이 새삼 청령포에서 더욱 깊은 의미로 다가온다.

단종 같은 비운의 임금이 또 어디 있었을까. 숙부 수양에게 왕위를 찬탈당하고 이곳 청령포에 유배되어 와 설상가상으로 큰 홍수로 인해 단종 어소가 범람하자 강 건너 관풍헌觀楓軒으로 처소를 옮겨진 후 두어 달 만에 삼굿 같은 뜨거운 방에서 사약을 받고 생을 마감했다. 후사가 두려워 시신을 거둘 사람이 없어 동강에 버려졌다가 고을 호장 엄홍도가 한밤에 몰래 시신을 수습해 산으로 가던 중 노루가 잠자다 놀라 달아난 자리에 암매장했다는 이야기를 들을 때는 나도 몰래 가슴이 울컥해졌다. 지금까지 나에게 밀려왔던 외로움과 고독과 슬픔을 청령포에서 느꼈을 어린 단종의 심정에 어찌 비할 수 있으랴.

역사는 아이러니하다. 비운에 간 단종을 오늘날 많은 사람들이 애달파하며 그리워하고 있다. 하지만 무자비하게 권력을 찬탈한 세조를 찬양하는 사람들은 그리 많지 않다. 오히려 부당한 권력 찬탈을 정당화하기 위해 법주사 가던 길에 우연히 만난 소나무에게 정이품송正二品松이란 벼슬을 내렸고, 오대산 상원사에 문수동자와 고양이를 내세워 자신을 신격화하려 했던 세조를 혈육도 모르는 피도 눈물도 없는 군주로 혹평하는 것이다.

강원도 땅 영월에서는 매년 4월이 되면 '단종문화제'가 성대하게 열린다. 조선 제6대 임금인 단종의 고혼과 충신들의 넋을 축제로 승화시킨 영월의 대표적인 향토문화제다. 이것이 역사의 아이러니며 순리가 아닐까. 지금 제20대 대통령을 꿈꾸며 후보로 나선 사람들이 있다. 경쟁이 치열하다. 대권을 향해 혈안이 되어 있는 자들은 청령포에 한 번쯤은 들러볼 일이다.

청령포를 뒤로하고 돌아서는 길, 단종의 모습이 눈앞에 어른거려 발길이 쉬 떨어지지 않는다. 육륙봉 너머 하늘은 붉게 물들고 서강은 말없이 유유히 흐르고 있다.

배롱화로 붉게 물든 병산서원

삼복더위가 기승을 부리는 한여름 오후, 하늘에는 뭉게구름이 피어오르고 드넓은 풍산 들녘은 갈맷빛 초록으로 짙게 물들었다. 하회마을로 꺾어 들어가는 삼거리를 지나 비포장도로를 타고 한참 화산花山을 휘돌아 서니 굽이굽이 둘러있는 병산屛山이 눈앞에 다가선다. 산그늘 아래로 구불구불 낙동강이 여울져 흐르고 하얀 모래밭이 반짝이는 강변 위로 오락가락 백로들이 한가롭다. 행여 질세라 강변 소나무 숲에서도 때늦은 말매미들 울음소리가 자지러진다. 저만치 화산자락 언덕배기에 병산과 낙동강을 마주하고 자리 잡은 병산서원이 더위에 지친 듯 홀로 고즈넉하다.

병산서원은 온통 붉은 빛이다. 핏물이 뚝뚝 떨어질 것 같은 배롱화에 빙 둘러쌓여 있다. 하필이면 배롱화일까. 꽃이 피고 지고 기간이 백 일이 간다니 꽃 중에서는 아마도 그 수명이 가장 길지 싶다. 하여 배롱화처럼 학문을 함에도 꾸준한 노력과 인내가 필요하다는 뜻일 수도 있겠고, 또 선비는 지조를 지키라는 뜻일 수도 있겠다. 그러나 뭐니 뭐니 해도 선비는 오롯이 배롱나무 표피처럼 깔끔한 매력을 유지하라는 뜻일 수도 있다. 일신우일신(日新又日新). 날마다 새로워지라는 뜻일 게다. 그래서 배롱나무를 선비나무라고 부르는지도 모르겠다. 이런 뜻에서 병산서원에는 배롱나무로 울타리를 삼은 것이리라.

떨어진 붉은 꽃잎이 수북이 쌓인 길을 밟으며 솟을대문 복례문을 지나자, 하늘과 땅의 이치를 이르는 천원지방天圓地方의 뜻이 담긴 네모진 연못에 하늘을 상징하는 둥근 섬 하나가 떠 있다. 광영지光榮池다. 유생들로 하여금 수심양성修心養性을 근본으로 하여 학문에 정진할 수 있도록 배려해 조성한 작지만 뜻깊은 연못이다. 시선을 돌려 앞을 바라보니 단순하면서도 철학적 공간을 암시하는 만대루晩對樓가 서 있다. 늦은 오후에 만대루에서 바라보는 병산과 낙동강은 석양빛에 물든 한 폭의 그림이다. 정면에 일곱 개, 측면에 두 개의 기둥 위에 덜렁 지붕만 덮여 있는 2중 구조의 만대루는 송판 누마루가 깔려 있는 독특한 건축물이다. 유생들과 사대부들이 학문을 토론하며 우주 질서와 자연 순환을 탐구하던 성리학적 이상향의 공간이었다. 열린 공간, 그래서 우주로 통해있는 이곳은 무한한 창조력을 꿈꿀 수 있는 곳으로 눈앞을 첩첩 가로막는 병산도, 유장하게 흐르는 낙동강도 훌쩍 뛰어넘어 시공을 초월한 무한한 세상으로 향할 수 있는 곳이다.

고개를 다소곳이 숙이고 만대루 밑을 지나 돌계단을 오르니 마당을 빙 둘러선 배롱화에 집안이 환하다. 마당 전면 석축 위에 병산서원屛山書院이란 현판을 달고 입교당이 의젓하게 앉아 있다. 입교당은 가르치고 배우는 것을 가장 큰 목적으로 하는 병산서원의 심장과도 같은 곳이다. 이곳이 글을 가르치고 배우던 서당이라는 생각에 김홍도(1745-1806?)의 《도화서첩》 중 〈서당〉이란 그림이 언뜻 떠오른다.

누가 뭐라 해도 병산서원에서 가장 성스러운 곳은 입교당 뒤편에 자리한 서애 유성룡(1542~1607) 선생의 위패가 모셔져 있는 존덕사일 것이다. 젊어서부터 일찍 벼슬길에 오른 선생은 임진왜란 때에는 영의정과 도체찰사의 관직을 수행하며 선조 임금이 의주로 파천을 할 때 그곳까지 동행했던 분이었다. 또한 전쟁을 총지휘하는 책무까지도 도맡아 힘들고 험난했던 전란을 몸소 겪기도 했다. 그러나 임진란이 끝나자 선생은 당파 싸움에 휘말렸다. 왜구들과 화해하여 그들을 일본으로 보내주었다는 반대파들의 모함에 영의정에서 물러나 이곳 고향 하회마을로 낙향했다. 당시 병산서원은 왜침으로 인하여 불타 소실되었기에, 선생은 하회마을 화천花川 건너편 언덕에 자리한 옥연정사玉淵亭舍에 은거하며 "내 지난 잘못을 징계하여 뒷근심이 없도록 삼가노라."며 직접 겪었던 전란 상황과 백성들의 참상을 소상히 기록하여 남긴 책《징비록懲毖錄》을 한 자 한 자 눈물을 삼키며 써내려 갔던 것이다.

…… 한양과 지방의 백성들이 몹시 굶주렸고 또 군량을 운반하는 데 지쳐서 늙은이와 어린이는 도랑과 골짜기에 쓰러져 있었고, 건강한 사람들은 도적이 되었으며, 전염병까지 겹쳐서 백성들이 거의 다 죽어가는 판국이었다. 심지어 부자와 부부가 서로 잡아먹었는데, 해골만 곳곳에 잡초처럼 드러나 있었다. -《징비록》, p. 192.

지금 선생께서 살아 입교당 툇마루에 앉아 서원에 붉게 피어난 배롱화를 본다면 어떤 생각이 들까. 굶주린 배를 부여잡고 통곡하는 백성들과 핏빛으로 물든 조국의 산천을 가슴에서 쉬 떨쳐버리진 못하리라. 병산서원을 뒤덮은 배롱화의 붉은빛이 마치 서애 선생이 토해내는 핏빛 탄식 소리이지 싶어 발걸음조차 조심스럽다.

존덕사를 지나 담장 밖으로 나섰다. 모퉁이에는 나선형 흙담으로 가리개를 하고 천장도 없이 하늘로 통하는 통시, '달팽이 뒷간'이 있다. 유생들이 공부할 수 있도록 서원의 허드렛일을 맡아 하던 일꾼들의 뒷간이 아니던가. 반상班常의 위계가 확실했던 시절, 양반의 자제들은 만대루에서, 상민의 자식들은 달팽이 뒷간에서 세상을 서로 다르게 보며 살아갔을 것이다. 어찌 달팽이 뒷간뿐이랴. 지금도 사회 구석구석에 뿌리 깊게 남아있는 차별 문화가

도사리고 있는 것을….

돌아서 가는 길에 다시 한 번 뒤돌아본 병산서원은 서애 유성룡의 한이 서려 있어서인지 아름답기보다는 오히려 애처로워 보인다. 석양도 어느새 뉘엿뉘엿 화산을 넘는다.

서오릉

고양시 매봉산 나지막한 산자락에 조선의 왕과 왕비의 무덤 다섯 봉이 모셔져 있다. 이곳이 서오릉이다. 일상에 지치거나 마음이 평정을 잃어 속세의 유혹에 빠질 때면 나는 가끔 이곳을 찾는다.

서오릉을 대표하는 능은 명릉明陵이다. 조선조 제19대 왕 숙종과 그의 계비 인현왕후와 인원왕후가 함께 잠들어 있는 무덤이다. 홍살문 뒤로 박석으로 깔아놓은 향로香路와 어로御路는 왕릉제향王陵祭香을 지내는 정자각丁字閣에 이르고, 무인석武人石과 문인석文人石, 석마石馬, 석호石虎 그리고 장명등長明燈과 같은 석조물들이 무덤 앞에 조화롭게 배치되어 마치 궁궐을 옮겨놓은 듯하다.

능이란 죽은 자가 머무는 성聖의 공간과 산 자가 속해 있는 속俗의 공간으로 나뉜다. 매년 그들은 정자각이라는 현실 공간에서 제향祭香의식에 피어오르는 향연香煙을 통해 서로 접한다. 이 성스러운 영역에 속된 인간이 들어서서일까, 내 자신이 무한이 작고 초라한 느낌이다. 그러나 화려했던 왕실의 부귀영화도 죽음과 함께 무덤 속에 묻혀 있으니 인간의 숙명이 측은지심으로 다가올 뿐이다.

죽음이란 무엇일까. 《삶을 원하거든 죽음을 기억하라》라는 저서에서 맹난자 선생은 '생·노·병·사의 의문을 풀 수 없었던 인도의 한 젊은 왕자 싯다르타 붓다가 보리수나무 아래에 앉아 참선을 하던 중, 생이 멸하면 노·사가 멸하고, 노·사가 멸하면 우비고뇌憂悲苦惱가 멸하는 것이라 깨닫고 부처가 되어 죽음의 문제로부터 벗어났다.'고 했던 말이 떠오른다. 죽음이란 세상의 모든 것들로부터 벗어나는 해탈의 관문일지도 모르겠다는 생각이 든다. 왕릉 앞에 서니 새삼 누구나 겪을 수밖에 없는 죽음의 본질에 대한 물음이 다가오는 것이다.

명릉을 지나 아름드리 굴참나무와 갈참나무가 빽빽이 들어선 숲길 사이로 구불구불 황톳길이 펼쳐져 있다. 신발을 벗어들고 흙을 밟으며 잠시 걸었다. 차가운 땅기운이 전신으로 퍼져온다. 모든 생명은 흙에서 와서 흙으로 돌아가는 것이니 흙을 밟는 순간 생명의 전율이 전해오는 것도 당연한 일이리라.

황톳길을 따라 한참을 걷자 길모퉁이에 서 있는 외로운 봉분 하나가 애처롭다. 다른 능陵이나 원園에 비해 초라하기 그지없는 장희빈이 잠들어 있는 대빈大嬪묘다. 궁녀가 된 장희빈은 숙종의 눈에 들어 후궁이 되었고, 후손이 없던 숙종에게 세자 경종景宗(조선조 20대왕)을 낳아주어 희빈이 되었다. 또한 그녀는 기사환국己巳換局[1]으로 인현왕후가 폐위되자 왕비로 책정되었다가 갑술환국甲戌換局[2]으로 다시 희빈으로 강등되었다. 그러나 인현왕후가 세상을 떠난 후 왕후를 무고한 죄로 사약을 받아 젊은 나이에 생을 마감했다. 롤러코스터를 타듯 희비를 넘나들다 간 희대미문의 여인이었다. 그녀는 무엇을 위해 인현왕후를 그리 모함하고 저주했을까. 돌이켜 보면 모든 것이 헛된 일인 것을. "헛되고 헛되며 헛되고 헛되니 모든 것이 헛되도다. 해 아래에서 수고하는 모든 수고가 사람에게 무엇이 유익한고."라고 탄식했던 솔로몬의 말이 생각나 초라한 장희빈의 묘 앞에서 인간사 헛됨을 되뇌어 본다.

잠시 후 가파른 언덕을 올라 한숨을 돌린 뒤, 다시 내리막길을 향해 걷는다.

조선 21대 영조의 원비 정성왕후의 무덤인 홍릉과, 조선 8대 예종과 그의 두 번째 왕비 안순왕후의 능, 창릉을 지나자 서어나무숲이 우거진 한적한 오솔길이다. 갈참나무 고목을 오색딱따구리가 쪼아대는 소리에 골짜기가 공명으로 울려오고, 길섶에 흐르는 개울물 소리도 봄소식을 알리는 전령사의 노래 같다. 무심한 마음으로 서어나무 숲길을 걷다 보니 어느새 몸도 마음도 청량해진다. 이 길은 세상사 모든 근심 걱정에서 벗어날 수 있는 해탈의 길이며, 심드렁했던 마음도 오욕칠정에 찌든 마음도 깨끗이 맑아지는 치유의 길이지 싶다.

서어나무길을 지나 언덕을 오른 후 산책길을 따라 다시 내려오는 길옆 울창한 소나무 숲 가운데 학의 날개처럼 활짝 펼쳐진 언덕바지 중간에 커다란 능이 하나 자리 잡고 있다. 숙종의 첫 번째 부인 인경왕후의 무덤 익릉翼陵이다. 천연두로 어린 나이에 세상을 떠난 숙종의 첫 번째 왕비라고만 표지판에 쓰여 있다.

어쩌면 서오릉은 숙종과 그의 여인들이 묻혀있는 무덤이라고 해도 좋을 듯하다. 그러나 이곳에 꼭 있어야 할 숙종의 또 다른 여인의 무덤이 보이지 않는다. 영조의 친모 숙빈 최씨의 묘다. 숙빈 최씨는 인현왕후의 무수리로서 우물물을 길어 오던 천한 신분이었다. 어느 날 밤, 숙종이 이 무수리의 방 앞을 지나다가 우연히 성은聖恩을 베풀어 낳은 아들이 조선조 제21대 왕 영조가 아닌가. 최 씨는 왕을 낳은 어미로서 당연히 이곳에 함께 묻혀있어야 할 것이지만 그렇지 못했다. 하긴 영조 자신도 무수리에서 태어난 심한 열등감으로 괴로워했으니, 그 점이 숙빈 최씨가 이곳에 묻히지 못한 큰 이유일 것이다. 그녀는 경기도 파주시 광탄면 영장리에 소령원昭寧園이란 능에 외롭게 홀로 묻혀있다. 하나 세월이 지난 오늘날에야 그 역시 헛된 일이 아니겠는가. 정실이면 어떻고 무수리면 어떤가. 왕의 여자로서 왕자를 생산한 여인이 아닌가.

이런저런 생각을 하는 사이 어느새 서오릉을 한 바퀴 돌아 정문을 나서는 순간이다. 서오릉 뒤편 서어나무 숲에서는 아직도 굴참나무를 쪼아대는 오색딱따구리 소리가 들려온다. 따다다닥, 따다다닥……. 오색딱따구리 소리에도 아랑곳없이 숙종과 왕의 여인들은 무덤 속에 고요히 잠들어 있을 뿐이다. 세상 부귀영화 일장춘몽인 것을 저 딱따구리도 알고 있는 것일까.

도솔암

봄의 유혹을 뿌리치지 못하고 밖으로 나섰다. 무작정 남쪽을 향해 달려가다가 해남 달마산 기슭 쪽으로 차 머리를 돌렸다. 저만치 산 아랫마을 동구 개울가에 커다란 미루나무 한 그루가 서 있다. 멀리서 바라보는 나무에서 수채화 화폭에 번져가는 연둣빛이 배어 나온다. 깊은 뿌리로부터 물관을 타고 수액이 나뭇가지로 스며드는 것일 게다. 그러나 가까이 다가가니 아직은 앙상한 나뭇가지들뿐, 그건 봄을 향한 나의 환상이지 싶다.

미루나무 우듬지에 까치집 하나가 흰구름이 흘러가는 하늘을 배경으로 아슬아슬하게 걸쳐있다. 현기증이 날 만큼 위태로워 보인다. 하필이면 까치는 저리 높은 곳에 집터를 잡았을까. 저 많은 나뭇가지를 물어 나르느라 얼마나 많은 날갯짓을 해야만 했을까. 거칠 것 없이 하늘을 날며 자유를 만끽하고 살 것만 같은 까치에게도 전생에 무슨 업보業報가 있어 저런 수고를 감내해야만 하는지 모르겠다. 더 안전한 곳에 보금자리를 잡을 수도 있었으련만……. 까치집을 한참 바라보다가 도솔암이 문득 생각나 그곳으로 차 머리를 돌렸다.

불가에선 도솔천兜率天[1]이란 욕계육천欲界六天[2] 중의 하나로 도리천忉利天[3]에서부터 구름을 따라 허공에 떠 있는 네 번째 하늘이라고 한다. 최후신보살最後身菩薩이 나시어 가르치는 그곳은 무엇을 탐하거나 누리고자 하는 욕심과 부족함이 없는 곳이다. 또한 머지않아 생불이 될 보처보살이 머무는 곳으로 불자들의 이상향인 상상 속의 하늘이다. 이곳 도솔암도 하늘 높은 곳에 자리하고 있고 또 명성 있는 고승들의 수도처였던 것을 보면, 도솔천처럼 부족함 없이 만족함을 누리는 보처보살이 머무는 처소나 다를 바가 없어 보인다.

반도 끝자락 달마산 도솔봉 아래 자리 잡은 도솔암은 통일신라 말 당대의 고승 화엄조사 의상대사께서 창건한 천년의 기도 도량이다. 그뿐만 아니라 달마산 미황사를 창건한 의조화상께서도 미황사를 창건하기 전 이곳에서 수행정진하였다고 하니 유서

---

1) 도솔천: 욕계육천 중의 네 번째 천으로 미륵보살이 머무는 내천과 천인들이 즐거움을 누리는 외연으로 구성된 천상의 정토를 가리키는 말.

2) 욕계육천: 불가에서 말하는 삼계三界 중 욕계欲界에 딸린 여섯 종류의 하늘을 말함.

3) 도리천: 욕계육천의 제2천으로 불교 우주관에서 볼 때 세계 중심에 있는 수미산 꼭대기에 있는 산.

깊고 역사적인 암자임에 틀림이 없다. 그러나 불행하게도 조선조 정유재란 때 명량해전에서 패배한 왜구들이 해상 퇴로가 막혀 오갈 데가 없자 달마산으로 퇴각하던 중에 불을 놓아 화마를 면치 못하였다. 그러나 다행히도 후대에 재건하여 겨우 한 사람 정도가 수행할 수 있는 작은 암자지만 고승들이 수행했던 이름난 곳이다.

해발 489m 정상에 자리한 이 암자를 산자락에서부터 걸어 올라가야만 도리지만 지금은 산 정상까지 임도가 닦여 있어 이곳을 찾는 이들은 차로 쉽게 오르려 한다. 바랑을 메고 휘적휘적 힘겹게 길을 오르내렸을 옛 스님들을 생각하면 쉽게 가는 길이 무척 죄송스러울 뿐이다. 구불구불한 급경사 길이어서 내려다보면 현기증을 느낄 만한 험한 산길이지만, 임도 양변에 흐드러지게 피어난 벚꽃 덕분에 봄의 감흥을 흠뻑 느끼며 들뜬 기분으로 산을 올랐다. 왕복 차선이 없어 마주하는 차를 만나면 낭패이지 싶었지만 다행히도 조우하는 차가 없어 조마조마한 마음으로 주차장에 도달했다. 나도 모르게 휴~ 안도의 한숨이 새어 나왔고 등골에서는 식은땀이 주르르 흘러내렸다. 이곳에서 또 20여 분을 언틀먼틀한 험한 산길을 타고 돌길을 걸어 목적지에 도착했다. 오솔길 바위틈 사이사이에 연분홍빛 진달래가 무더기로 피어나 고요 속의 암자가 환히 밝아진 듯했다. 깊은 침묵 속에서 참선하는 스님도 때로는 진달래 연분홍빛을 담을 만한 마음 한구석쯤 비워둘 여유는 있어야 하지 않겠는가.

도솔암은 하늘을 향해 뾰쪽뾰쪽 솟아있는 기암괴석 사이에 잔돌로 쌓고 흙을 채운 다음 터를 닦아 암자를 지은 것으로 보아, 오던 길 마을 앞에 서 있는 미루나무 꼭대기 까치집을 꼭 닮았다. 까치가 미루나무 꼭대기에 집을 지은 뜻도 의상대사가 이곳에 도솔암을 지은 뜻도 같지 않을까. 어쩌면 까치는 생불의 뜻을 이루지 못한 어느 보처보살의 전생일지도 모를 일이다.

암자 마당에 올라서니 병풍처럼 빙 둘러서 있는 기암괴석과 앞이 확 트여 저 멀리 바라다보이는 바다 위로 크고 작은 섬들이 머리를 맞대고 물위에 조용히 앉아 있다. 저 섬들도 참선 중인가 보다. 석양이 붉게 물들면 의조화상께서 시나브로 섬을 넘어가는 낙조를 바라보며 선홍빛 아름다운 피안의 세계를 꿈꾸지 않았을까. 구름이라도 끼는 날이면 인적이 끊어진 이 산꼭대기가 마치 구름 속에 떠 있는 도솔천으로 여기고 조용히 가부좌를 틀고 앉아 깊은 명상에 들곤 했으리라.

까치는 미루나무 우듬지에 까치집을 짓고, 의상대사는 달마산 정상에 도솔암을 지었듯이, 나도 내 마음 한구석에 작은 집 하나 지어 보리라. 그곳은 차안此岸이 아닌 피안彼岸의 세계가 될 것이다. 그곳에서 조용히 묵상과 깊은 사유에 잠겨 장차 돌아갈 본향을 위해 나 자신을 돌이키며 성찰하는 곳이 되리라. 가벼운 마음으로 세상 살아가게 해달라고 기도하는 곳이 되리라.

석양도 해설피 금빛으로 물들어가고 산 그림자는 저만치 길게 드리우고 있다.

경회루 앞에서

천·지·인天地人의 조화는 우리 조상들이 믿었던 이상적인 우주관이었다. 이런 우주관에 따라 조선의 법궁法宮인 경복궁은 하늘과 땅의 권역이 확실하다. 임금이 신하들과 나랏일을 논하던 하늘의 영역인 외전外殿에는 둥근 기둥들이, 사생활이 이어지는 생활공간인 땅의 영역 전각殿閣에는 사각기둥들이 들어서 있다.

태종은 초라한 누각 한 채가 있던 근정전 서편 담장 너머에 4,300평이라는 큰 연못을 조성하고 밖으로는 땅을 상징하는 네모기둥 24개, 안쪽으론 하늘을 의미하는 둥근기둥 24개 도합 48개의 돌기둥들이 떠받치고 있는 2층 구조의 누각 경회루를 지었다. 천·지·인이 함께 어우러진 공간이다. 조정인 듯 조정이 아닌 또 조정 같았던 곳, 이곳은 왕실의 큰 연회를 베풀거나 외국 사신을 접대할 목적으로 지어진 누각이다. 그뿐만 아니라 나라에 기근이 들면 기우제를 드리기도 했던 성스러운 곳이기도 했다. 하늘과 땅과 인간이 조화를 이루어 기쁨이 가득하고 나라가 홍하고 번창하기를 바라는 마음에서 이리 뜻 깊고 멋진 누각을 지었을 테다. 그러나 경회루는 기쁜 일도 있었지만 슬픈 역사의 장소로도 전해오고 있으니 이것은 역사의 기구한 아이러니다.

어느 날 밤에 세종임금이 신하들을 거느리고 경회루를 걷다가 호기심이 발동하여 몰래 들어온 집현전 한 신하와 마주치게 되었다. 길바닥에 넙죽 엎드려 있던 신하를 임금님께서 불러일으키시고 차분한 어조로 물으셨다.

"너 창唱을 할 줄 아느냐."

"네. 할 줄 압니다."

"그럼 한 가락 해보거라."

임금님의 명령에 조금도 당황하지 않고 그 신하는 창 한 가락을 멋지게 뽑았다.

"그럼 시조는 할 줄 아느냐." 재차 임금께서 부탁하자 이번에도 목청을 다듬고 거침없이 시조 한 수를 구성지게 읊자 낭랑한 시조 가락이 경회루 경내를 가득 채웠다.

"잘하는구나. 그럼 경전은 외울 줄 아느냐." 그 신하의 학문적 깊이를 알아보기 위한 질문이었다. 그러자 그는《춘추》한 권을 줄줄 거침없이 외웠다. 임금은 무척 기뻐하시며 다음 날 아침 말단 9품직인 정자正字에서 종5품직인 홍문관부교리弘文館副校理로 제수除授했다는 미담이 전해 온다. 그가 집현전 말단직을 맡고 있던 구종직丘從直이었다. 학문과 예술을 사랑하는 멋진 성군을 주제로 경회루에서 펼쳐지는 감동적인 뮤지컬 한 장면이 펼쳐지는 듯하다.

경회루에 얽힌 세종대왕의 이러한 미담에도 불구하고 그 앞에 서면 비운의 단종端宗 생각을 떨쳐버릴 수가 없다. 병약한 상왕 문종은 어린것을 왕좌에 앉히고 얼마나 가슴을 조였을까. 시시탐탐 왕좌를 노리는 동생 수양대군 때문에 눈을 감는 순간까지 노심초사했으리라. 문종이 승하하자 수양은 이곳 경회루에서 옥새玉璽 이양식을 거행했다. 단종이 자진하여 옥새를 넘겨주는 형식이었지만 날마다 수양의 칼에 죽어가는 측근들이며 면전에서 윽박지르는 듯 겁박하는 수양 앞에서 어린 단종인들 어쩔 도리가 없었을 것이다. 옥새 이양식을 책임지고 있던 성삼문이 식장에서 옥새를 부여안고 대성통곡을 하였다니 그 비통함이 경복궁 담장을 넘어 저 북악산 봉우리에까지 이르렀지 싶다. 권력욕에 눈이 멀어 혈육도 명분도 없는 피비린내 나는 투쟁이 이어져 경회루란 이름이 참으로 무색하지 아니한가. 영월 땅 청령포에 유폐된 어린 단종은 삼굿같이 찌는 방에서 사약 사발을 받아들고 얼마나 애통해 하였을까. 열일곱 소년 단종을 생각하니 명치가 답답하여 울화가 치밀어 오를 지경이다.

또 경회루를 품고 있는 넓은 연못에는 청청한 소나무들이 들어서 있는 두 섬이 있다. 넓은 공간을 채워 담채화처럼 아름다워 보이지만 이 두 섬도 참으로 민망한 역사를 간직하고 있다. 연산군은 이 두 섬을 조성하여 꽃으로 단장하고 황용주黃龍舟라는 호화선을 띄워 홍청興淸이 미녀들을 싣고 드나들면서 날마다 주색에 빠져 지내느라 나랏일은 뒷전이었다. 채홍사採紅使라는 관리까지 둬 각 지방에서 미녀들을 뽑아오게 하여 그 숫자가 만여 명에 이르렀다고 하니 연산군의 여성 편력이 가히 짐작이 간다. 홍청이들과 날마다 벌이는 호화로운 연회로 백성들의 원성은 날마다 더해 갔다. 연산군이 홍청이들과 놀아나다가 나라가 망했다는 뜻으로 '홍청망청'이라는 비아냥거림이 저잣거리에 나돌았고, 백성들의 입과 입으로 퍼지기 시작했으니 민심의 흐름은 이미 연산군을 떠나고 있었다. 군주민수君舟民水라 하지 않았던가. 설상가상으로 연산군의 총애를 받던 홍청이 장녹수張綠水의 횡포까지 극에 달했으니 백성들의 가슴에 불을 댕겨 중종반정中宗反正으로 경회루의 호화로운 연회는 막을 내리게 된 셈이다. 연산군은 강화로 귀양간 지 채 1년을 못 넘겨 생을 마감했고, 장녹수는 처참히 처형되어 길거리에 내걸리는 운명이었으니, 이 또한 경회루의 부끄럽고 슬픈 역사가 되고 말았다.

경회루의 슬픈 역사가 이것뿐이랴. 임진년 왜군이 조선 반도에 침략하여 한양으로 진격한다는 소식에 선조임금은 신하 유성룡의 만류에도 불구하고 끝내 궁을 비우고 북방 의주로 파천하였다. 혼자만 살겠다고 도망간 임금을 백성들은 실망하고 원망한 나머지 이에 분노하여 경복궁을 방화와 약탈을 감행했으니, 이때 경회루도 분노의 그 불길을 피해 갈 수가 없었다. 한 나라의 지도자라면 백성을 지키기 위해 목숨까지도 내놓을 수 있는 책임감이 군주의 필수 덕목이거늘, 선조의 행태야말로 비겁한 군주를 보는 것 같아 입맛이 소태처럼 씁쓸해진다. 불타버린 경회루, 허물어진 그 빈터에 방초만 무성하고 들짐승들만 노닐어 세상사 허무함을 말해 주고 있었으리라. 경회루는 불 탄 지 270년 만에 흥선 대원군에 의해 옛 모습을 되찾았으나 그 비운의 역사는 구한말 외세의 벽을 넘지 못하고 또 수난을 겪어왔던 것이다.

마치 박제가 된 짐승처럼 창문을 활짝 열어 속을 드러내 보이는 경회루는 지난날의 파란만장했던 슬픈 역사를 모두 잊은 듯 말없이 서 있다. 연못가 회양나무 가지에 외로이 앉아있던 까치 한 마리가 포르르 날아올라 경회루 용마루를 넘어 제 집을 찾아든다. 짐짓 슬픈 역사랑은 모두 묻어두고 구종직의 창 소리에 기뻐 환히 웃으시던 세종임금의 모습만을 가슴에 안고 가자 했건만, 경회루 대청마루에 엎드려 슬피 우는 한 많은 단종의 울음소리가 귓전에 들리는 듯하여 돌아서는 발걸음이 무겁기만 하다.

■ 해설

자연과 인간의 공존을 위한 새로운 균형 회복
- 박영득 수필세계

유인실(시인 · 문학평론가)

1. 들어가며

21세기 들어 인류가 직면한 가장 큰 문제는 단연 환경 문제다. 그 대안으로 '생태' '생명'에 대한 관심이 지대해지고 있다. '생태'는 '에코(eco)'를 의미하는 그리스어 '오이코스(oikos)'에서 나왔다, 이 말은 서식지, 거처, 집을 연상하는 의미로 '생태'가 인간의 삶 너머의 밖을 의미하는 자연이 아니라 인간과 불가분의 관계에 있음을 말해 준다. 다시 말하면 인간은 지구상에 존재하는 모든 것들의 상호연관성을 기반으로 하고 있다는 것을 의미한다.

우리는 지난 20년간 날로 심각해 가는 지구 환경에 대해 문학작품을 통해 생명의 소중함을 인식시키고, 자연에 대한 외경심을 일깨우며, 이를 바탕으로 인간과 자연의 관계에 대해 끊임없이 논의해 왔다. 물질문명이 극에 달하면서 발생하게 된 심각한 환경문제를 '생명'의 위기로 규정하고, 이에 대한 인식의 전환이 필요함을 절감하면서 자연의 가치를 존중하고, 자연과 함께했던 예전의 삶을 성찰하기에 이르게 된 것이다. 이러한 시점에서 문학이 자연과의 조화 속에서 인간적 삶의 건강함을 유지했던 예전의 삶의 유용한 방식들을 호명하여 자연과 인간의 공존을 위한 상생의 원리와 방법을 새롭게 모색하는 것은 매우 시의적이라 할 수 있다.

박영득 작가의 수필집 ≪집게의 꿈≫(수필과비평사, 2022.)은 이러한 문제의식에서 유로된 친자연적인 생태의식, 생명 존중의 인간 존재론적 참모습, 자연과 인간의 공생의식이 작품의 기조를 이루고 있다. 진솔하고 다감한 문체로 이 위기의 시대에 자연과 인간의 관계가 어떠해야 하는지를 되물으며, 어떻게 사는 것이 과연 제대로 사는 것인가에 대한 질문을 던져주고 있다. 이에 대해 박영득 작가의 수필집이 보여 준 생태문학으로서의 의미를 규명하고자 한다.

2. 생명 존중을 통한 생태적 세계로의 확장

박영득 작가는 2015년 무안고등학교 교장직을 마지막으로 정년퇴임을 한 후, 2018년 ≪수필과비평≫을 통해 문단에 발을 디딘다.

등단 2년 후, 수필집 ≪매미섬 별곡≫(2020)을 발간하고, 다시 2년 후, 수필집 ≪집게의 꿈≫(2022)을 상재한다. 등단 전, 2014년 정년 퇴임기념으로 발간한 수필집 ≪설레이는 가슴으로 노을을 품다≫(2014)까지 합하면 이번 수필집은 사실상 세 번째 수필집인 셈이다.

박영득 작가의 수필세계를 살펴보기에 앞서 먼저 그의 이번 수필집 ≪집게의 꿈≫의 서문 격인 '책을 펴내며'를 보자.

망각하고 살았던 지난날의 삶의 조각들이 생생한 기록영화의 화면으로, 희미했던 어린 시절의 꿈과 이상이 동네 어귀에 서 있는 키 큰 미루나무 모습으로, 가난했던 지난날의 삶이 결코 슬픔이 아닌 수도자가 걸었던 성스러운 순례길로, 외딴 섬 고향이 물새만 우는 고도가 아닌 포근하고 아름다운 이상향이었음을 이제야 새삼스레 깨닫습니다. 어디 그뿐이겠습니까? 주위에 피어나는 들꽃이나 작은 풀벌레에서도 생명의 소중함과 창조주의 뜻깊은 의지를 느끼게 되고, 눈앞에 보이는 말 못하는 사소한 것들과도 눈 너머 눈으로 속삭이고 무언의 언어로 말을 걸어 보곤 합니다.

그는 '책을 펴내며'에서, 수필을 쓰게 되면서부터 세상이 하나씩 다시 보이기 시작했다고 고백한다. '망각하고 살았던 지난날의 삶이 기록영화의 화면처럼 생생하게 보이는가 하면, 유년 시절에 품은 꿈과 이상은 키 큰 미루나무 모습으로, 가난은 슬픔이 아닌 성스러운 순례길로, 고향은 외로운 외딴 섬이 아닌, 포근하고 아름다운 이상향'이었다고 말한다. 그뿐만 아니라, 작고 보잘것없는 들꽃이나 풀벌레에서도 저마다 존재 이유와 가치가 있는 "생명의 소중함과 창조주의 뜻깊은 의지를 느끼"고, 이들과 대화를 나누고 싶다고 말함으로써 주체로서의 나와 타자로서의 자연이 더불어 살아가는 상생의 관계를 소환해 낸다.

수필은 과거의 경험을 기억하여, 문학적 재현을 통해, 삶의 의미를 발견하는 창조적 행위이다. ≪집게의 꿈≫은 박영득 수필가의 지난 시절의 경험들이 기억에 의해 호명되어 현재적 인식을 통해 변형 과정을 거치면서 새롭게 그만의 의미화 과정을 일구어낸 언어 수행의 결과물이다. 위의 인용에 언술되어 있는 바와 같이, 그가 겪어온 지나간 경험들은 현재적 의미에서 재해석되어 새로운 의미로 설정되어 가고 있음을 확인할 수 있다.

지난 시절의 경험들을 재현하는 과정에는 현재의 사유가 깊이 개입되어 있다고 할 수 있다. 그런 의미에서 우리는 이번 수필집에서 박영득 작가가 과거에 어떤 삶을 살아왔고, 앞으로 어떤 삶을 추구해 나갈지를 통해 그의 수필의 지향점을 들여다볼 수 있다.

이번 수필집 ≪집게의 꿈≫을 관통하는 정서를 한마디로 요약하면 그의 지난날의 삶은 자연과 하나였고 앞으로의 삶도 결국 자연과 함께 조화로운 삶을 추구해 나아갈 것이라는 데에 이의

가 없을 듯하다. 총 6부로 구성된 이번 수필집은 모두 52편이 수록되어 있다. 최근에 발간되는 여타의 수필집들에 비하면 결코 적지 않은 분량이다. ≪매미섬 별곡≫ 발간 이후 2년 동안에 쓰여진 작품이라는 점을 감안하면 박영득 수필가의 왕성한 창작 의욕도 그렇거니와 문학적 역량도 눈여겨볼 만하다. 이는 단지 분량만의 문제만을 말하는 것은 아니다. 이번 수필집에 수록된 52편 모두 삶에 대한 성찰과 철학이 충실하게 장착되어 있을 뿐만 아니라, 급격한 환경의 변화 속에서 문학의 존재 의의를 스스로 정립시켜 그 역할에 부응하고 있다는 점에서 이번 수필집의 의의는 크다고 할 수 있다.

≪집게의 꿈≫에서 드러나는 키워드를 대별해 보면 자연, 생명, 인간으로 구분할 수 있다. 다시 말하면 자연에 대한 외경심을 일깨우며, 생명의 소중함을 인식하고, 이를 바탕으로 인간과 자연의 균형적인 관계를 지향하고자 하는 메시지가 수필집 전반에 골고루 나타난다. '생태수필'이 이러한 '생태학적 인식을 기반으로 인간과 자연, 인간과 인간의 파괴된 관계성을 회복하는 수필'로 정의되는 점에서 볼 때, ≪집게의 꿈≫은 생태수필에 값하는 의미를 지니고 있다고 할 수 있다.

먼저 이번 수필집의 표제작이기도 한 〈집게의 꿈〉을 통해 박영득 작가의 생태적 인식이 어떻게 재현되고 확장되는지를 살펴보자. 〈집게의 꿈〉은 '집게'와 '인간'의 유사성을 찾아 이질적인 것을 서로 연결하여 동일성을 찾아냄으로써 자연과 인간의 관련성을 파악하고 생명체 대한 경외감과 아울러 그 의미를 확장해 나가는 글이다.

① 집게는 은둔자라기보다는 방랑자에 더 가깝다. 평생을 한곳에 머물지 못하고 새로운 곳을 찾아 유랑하는 노마드처럼 생존에 필요한 집을 구하기 위해 끝없는 길을 걷는다. 운 좋게 새집을 찾아 들어앉았다 하더라도 주기적인 탈피로 불어나는 몸피 때문에 다음 집을 생각하며 평생 집에 대한 꿈을 꾸며 살아가야 하는 운명이다.

② 모든 생명체가 그리하듯이 집게도 생로병사의 과정을 겪는다.

③ 집게는 외로운 방랑자다. 불안한 삶의 무게를 홀로 지고 미지의 길을 가는 수도자와도 같다.

④ 집을 찾아 헤매는 존재는 바닷가에만 있는 것이 아니다. 도시에도 집을 찾아 끝없이 꿈을 좇는 사람들이 많다. 집게처럼 주거지를 향한 영원한 방랑자, 노마드 신세인 것이 슬픈 현실이다. 사람이나 미물이나 집 때문에 평생 고민하기는 매한가지인가 보다.

- 〈집게의 꿈〉

이 글의 주요 화소는 '집게'와 '인간'이다. 박영득은 이 두 화소를 유비적 구조로 연결하여 생명체의 존재 의미를 확장해 나간다. 수필에서 주제를 효과적으로 구현하기 위해 두 개 이상의 화소를 병치하여 동일성으로 의미를 묶어내는 일은 흔하게 볼 수 있다. 서로 이질적인 요소들을 연결하여 동일성을 찾아내는 유비적 구조는 새로운 의미를 확장해 나간다는 의미에서 문학에서 매우 중요한 방법이다.

'소라게'로 부르는 집게는 자기 몸에서 껍데기를 만드는 게 아니라 고둥이나 소라 등 조개류의 껍데기 속에 들어가 몸을 보호한다. 즉 생존을 위해 평생 적당한 조개껍데기를 찾아다니며 이사를 해야 하는 생물이다. 박영득 작가는 집게의 이런 속성이 인간과 닮아 있음을 확인한다. 집게는 ①에서처럼 "평생을 한곳에 머물지 못하고 새로운 곳을 찾아 유랑"해야 하고, "생존에 필요한 집을 구하기 위해 끝없는 길을" 걸어야 한다. 집게의 그러한 모습은 ②의 예시처럼 인간들이 겪는 "생로병사의 과정"으로 서술한다. 아울러 ③ "불안한 삶의 무게를 홀로 지고 미지의 길을 가"야 하는 삶의 행로는 ④에서 보여주는 바와 같이 '집을 찾아 헤매는 존재는 바닷가에만 있는 것이 아니라 집을 찾아 끝없이 꿈을 좇는 영원한 방랑자, 노마드 신세인 인간'의 삶과 등치된다. 비록 작은 생명체일지언정 생존의 원리는 만물의 영장이라고 일컫는 인간과 다를 바 없다는 것을 동일성으로 연결함으로써 생물체에 대한 인식을 새롭게 하는 데 이르게 한다. 이러한 유비적 표현은 서로 유사한 것을 하나로 연결함으로써 두 대상에 대한 세계를 점점 확장해 가는 효과를 거둔다. 이것은 새로운 세계의 발견이다. 이러한 예는 〈홍어〉에서도 잘 드러난다.

> 홍어도 항아리 속에서 볏짚과 함께 시루떡 앉히듯 켜켜이 쌓여 밀봉된 공간에서 침묵의 시간과 고독한 인고의 고통을 겪는 의례를 통과해야만 홍어의 제맛이 난다. (중략)
>
> 또 익은 김장 배추김치에 돼지고기 수육과 잘 삭은 홍어 한 점을 초장에 찍어 올려 싸 먹으면 그 맛 또한 일품이다. 이것을 홍어 삼합三合이라 부른다. 김장 배추김치의 시큼하고 깔끔한 맛과 돼지수육의 고소하고 부드러운 맛, 잘 삭은 홍어의 톡 쏘는 맛이 한데 어울려 환상적인 맛으로 거듭나는 것이다. 이것을 난 '백미화쟁百味和爭'이라 부르고 싶다. 제각각 맛이 다르지만 자기만을 고집하지 않고 서로 화합하고 조화를 이루는 그 정신이 원효대사의 화쟁사상을 닮아 있다.
>
> - 〈홍어〉

인간은 항상 자연(사물)과 결합하여 동일성을 확인하고자 하는 욕망이 있다. 이것은 근본적으로 결핍된 존재에 대한 자기 위로의 심리적 기제일 수도 있지만, 다양하고 복잡한 삶에 대한 관조의 한 방법이기도 하다. 그것은 또한 공존을 도모하는 생명 존중

사상과도 맥을 같이한다. 위의 인용에서 보는 바와 같이 홍어 역시 삶의 방식에 있어서 인간과 닮아 있다. 인간이 성숙한 경지에 이르기 위해서는 끊임없이 자신을 단련하기 위한 고통의 시간을 통과해야 하듯이, 홍어 역시 제맛을 내기 위해서는 "밀봉된 공간에서 침묵의 시간과 고독한 인고의 고통을 겪는 의례를 통과해야" 한다. 모든 생물체가 처한 현실은 늘 혹독하다. 그러나 그 혹독함을 이겨내야 하는 것이 또한 현실이다. 이것은 결코 녹녹지 않은 현실을 이겨낼 때 더욱 의미있는 존재가 될 수 있다는 것을 일깨운다. 게다가 그러한 과정을 통해 제맛을 내는 경지에 이르러도 홍어는 "자기만을 고집하지 않고 서로 화합하고 조화를 이루"고자 한다. 이를 두고 박영득 작가는 그 정신이 "원효대사의 화쟁사상을 닮아 있다."고 말한다. 생물체를 바라보는 이러한 인식은 그의 생태적 상상력을 짐작하게 한다.

> 흰 눈이 내리는 겨울이 되면 갯벌 속에 숨어들어 겨울잠을 자다가 이듬해 봄이 되어서야 잠에서 깨어나 알을 낳고 부화할 때까지 정성을 들여 알을 돌보고 지키느라 먹는 것조차 잊고 산다. 알에서 부화한 새끼들을 보고서야 낙지는 자신의 의무를 다했다고 생각하고 세상 밖으로 나서 보지만, 몸은 이미 탈진 상태라 행동이 굼뜨다. 지치고 탈진한 낙지를 '묵은낙지'라고 하는데 어디 바다 세상이 그리 호락호락한 곳인가. 힘없는 낙지를 보고 달려드는 바다의 포식자들

에게 낙지는 속수무책이다. 낙지는 또 다른 생명체의 생명을 위해 반항도 하지 못하고 조용히 생을 마감한다. 낙지의 일생은 태어날 때부터 다음 세대와 또 다른 생명체를 위한 성스러운 희생의 화신이지 싶다.

- 〈낙지 예찬〉

앞에서도 언급한 바와 같이 박영득 작가는 인간과 다른 생물과의 관계 설정 방식에서 생물을 인식하는 방법이 매우 생동적이다. 상호 차이를 무마하고 동일성을 발견하는 과정에서 깨달아 가는 이치가 인간의 지적 감수성을 자극한다. 그의 이러한 생태적 사유는 공존과 상생의 삶을 추구하는 토대를 제공한다.

위의 인용에서 알 수 있듯이, 부성애, 모성애는 더이상 인간만의 전유물이 아니다. 박영득 작가는 낙지를 통해 인간과 다른 생물들도 그러한 희생정신이 있다는 것을 보여준다. 우리 속담에 "묵은 낙지 꿰듯"이라는 말이 있다. '일이 매우 쉽다.'는 뜻으로 쓰이는 이 속담에는 낙지의 생태가 들어있다. 낙지는 알을 낳고 부화할 때까지 알을 보호하기 위해 먹는 것조차 잊는다. 그러다가 알에서 새끼들이 부화하고 나면 낙지는 탈진 상태가 되어 다른 포식자에게 쉽게 먹혀 생을 마감하게 된다. 그때 지치고 탈진한 낙지를 '묵은 낙지'라고 하는데 이러한 낙지의 삶을 박영득 작가는 "다음 세대와 또 다른 생명체를 위한 성스러운 희생의 화신"으로 인식한다.

그가 생명의 소중함을 환기시키고 그것을 인간과 동일하게 적용하는 하나의 이유는 그것으로부터 세상살이의 이치를 배우고 사람 사는 도리를 깨닫기 때문이다. 낙지의 희생적인 부화 과정을 통해 생명체의 경이로움을 인식하는 것은 그의 확장된 생태적 인식을 살펴볼 수 있는 대목이다.

또 다른 작품을 살펴보자. 그는 옛날 고기잡이의 방식 중 하나인 '덤장'의 원리를 통해 "허공에 정치망을 설치하는 거미의 지혜"를 읽어낸다.

> ① 기실 덤장의 주인은 사람이 아니라 갈매기다. (중략) 조락을 등에 지고 덤장 물을 보러 가면 가장 먼저 반기는 것은 터줏대감 갈매기들이다. 바람이 불어오는 바다를 향해 막대살 위에 나란히 앉아있던 갈매기들이 기다리기나 했듯이 일제히 날아올라 끼룩끼룩 소리를 지르며 하늘을 빙빙 선회한다. 배가 고파 울어 대는 젖먹이들처럼 울음소리가 갯가에 요란하다. 고기들이 갇혀있는 통발끈을 풀어 조락에 고기를 털어넣는 순간 갈매기들은 가미카제처럼 자폭 자세로 저공비행을 하며 조락을 향해 돌진해 날아든다. "알았다. 이놈들아! 옜다, 이거나 먹어라."며 잡은 물고기를 듬뿍 집어 공중으로 던져준다. 갈매기들은 갯벌에 고기들이 떨어지기도 전에 공중묘기를 부리듯 낚아채 받아먹는다. 잠시 갈매기 울음소리가 잠잠해진다. 공존의 세상이다.

② 사람들은 누구나 마음속에 덤장을 하나쯤은 치고 살고 있다. '오늘은 고기를 많이 잡아야지.'라고 욕심을 부려 보지만 사람 하는 일이 마음 먹는다고 다 되는 것은 아니다. 허구한 날 헛방칠 때가 더 많다. 세상사 어찌 좋은 일만 보고 살 수 있겠는가. 인간만사 새옹지마라 하지 않던가. 이럴 때도 있고 또 저럴 때도 있으니 현실에 너무 집착하고 살지 말자. 허공에 집을 짓고 사는 거미처럼 세상사 멀리 보고 때를 기다릴 줄도 알아야 한다.

- 〈덤장〉

인류가 근대사회로 접어들면서 급속도로 발전시켜 온 물질문명은 인간을 물질적 욕망의 도가니에 몰아넣었다. 그 결과 황폐화된 인간성은 좀체 회복될 기미를 보이지 않는다. 이 글은 전통적으로 물고기를 잡던 방식 중의 하나인 '덤장'을 통해 우리의 삶을 되돌아보게 한다. 덤장은 물고기가 들어왔다가 다시 바다로 빠져나가는 길목에 개막을 쳐서 물고기를 잡는 방법을 말한다. 비록 물고기 떼를 한곳에 몰아넣을 수 있도록 그물을 쳐 고기를 잡지만 그곳에는 단순히 인간의 욕망만을 위한 공간이 아닌, 다른 생물체들과 공존하는 곳이다.

박영득 작가는 이러한 삶의 현장을 생생하고 실감나게 묘사함으로써 지난날의 향수에 몰입하게 한다. 덤장은 어떻게 생각하면 인간의 이기심만을 위한 것 같지만 그는 이에 머물지 않고, 공존의 공간, 상생의 공간으로 확장한다. 주인이 덤장에 나타나면 ① "바람이 불어오는 바다를 향해 막대살 위에 나란히 앉아있던 갈매기들이 기다리기나 했듯이 일제히 날아올라 끼룩끼룩 소리를 지르며 하늘을 빙빙 선회"한다. 그러다가 덤장 주인이 "고기들이 갇혀있는 통발 끈을 풀어 조락에 고기를 털어넣"으면 이내 갈매기들은 먼저 날아든다. 그러면 덤장 주인도 으레 그러려니 하고 익숙한 태도로 "잡은 물고기를 듬뿍 집어 공중으로 던져" 준다. 자연과 인간이 공존하는 살아있는 공간이 따로 없다. 오늘날 인간의 극단적인 이기심과 탐욕으로는 상상할 수 없는 광경이다. 주변의 자연과 다른 생명체를 돌보는 것은 공생이다. 이처럼 인간과 자연의 공존의 조화로운 삶의 모습을 박영득 작가는 생태적 상상력으로 맛깔스럽게 재현해 낸다.

그뿐만 아니다. 자연은 언제나 삶의 이치를 깨닫게 해 준다. 이를테면 덤장을 할 때에는 계절, 물때 날씨 조건에 따라야 한다. 아무리 고기를 잡고 싶어도 이러한 조건들이 갖추어져 있지 않으면 그의 말대로 '헛방'을 치게 된다. 즉 인간은 자연이 주는 흐름에 맡길 때 삶의 질서도 살아가는 공간으로 흘러가게 된다. 그런데 인간은 욕심과 집착, 아집과 독선으로 자신의 이익을 위해서라면 물불 가리지 않는다. 때를 기다리지 않는 조급함과 끊임없이 소유하고 싶은 물질적 욕망에 갇혀 있다. 박영득 작가는 오늘날 이러한 현실에 메시지를 던진다. 우리 인간도 ②에서 "허공에 집을 짓고 사는 거미처럼 세상사 멀리 보고 때를 기다릴 줄도 알아야 한다." 라는 언술처럼 박영득의 생태관을 한마디로 요약하면 자연의 순리를 따를 때 생명공동체로 재탄생하여 살맛나는 터전이 된다는 것이다.

3. 자연과 인간의 상생을 위한 생태적 상상력

'생명'이란 지상의 온갖 것과 인간이 하늘이 내린 명령을 받들어 살아간다는 의미이다. 이 말에는 자연 의존적, 자연 순응적, 자연 친화적 태도가 함축되어 있음을 알 수 있다. 그동안 우리는 전적으로 자연을 생명체로 보는, 즉 생명사상 세계관이 주류를 이루었다. 그러다가 근대 이후로 산업이 급속도로 발달하면서 인간은 지구에서 절대적 가치를 지닌 존재로 군림하기 시작했다. 인간 이외의 모든 존재들은 인간에게 종속되어야 한다는 신념이 오랫동안 자리 잡아 오면서 오늘날 인간은 커다란 환경 위기에 직면하게 되었고, 그로 인해 지구의 생태적 관계망 전체를 건강하고 균형있게 회복시키는 일이 시급하게 되었다, 근대문명을 근본적으로 다시 읽고 새로 쓰는 대안 제시의 사유방식이 절실해진 것이다.

박영득 작가는 인간과 삶의 의미를 포괄하는 관계를 매개물로 한 자연물에 대한 관심이 남다르다. 그중 그의 수필에는 다수의 나무와 꽃이 등장한다. 소제목으로 나무 이름을 내세운 것만 해도 플라타너스를 비롯하여 느티나무, 자작나무, 서어나무 등이 있고, 애기동백꽃, 해바라기, 꽃무릇, 노루귀, 연꽃, 배롱화 등 꽃을 소재로 하여 쓴 글도 많다.

삼라만상에 존재하는 모든 사물은 모두 그 나름대로의 고유한 가치를 지닌다. 문학은 이러한 사물들에 다양한 의미를 부여함으로써 본래의 존재 의미에 머물지 않고 또 다른 새로운 의미를 확장, 생성한다. 그런 의미에서 재현을 통한 '의미의 전이'는 문학에서는 매우 중요하다. 그것은 문학을 문학이게끔 하는 요소로, 소위 말해서 '문학성'을 형성하는 데 중요하게 작동하기 때문이다. 이번 수필집에서 박영득 작가가 보여 준 각각의 사물에서 생성해내는 새로운 의미는 그가 추구하는 정신세계의 본질에 가깝게 자신의 삶을 꾸려간 결과라 할 수 있다. 즉 그가 추구하는 생태적인 삶 속에서 앞으로 어떤 미래를 꿈꾸어야 하는지를 그는 나무와 꽃, 숲 등 자연물을 통해 전하고 있다.

> ① 플라타너스 나무는 떠오르는 태양을 맞이하며 하루를 시작하고, 또 지는 해를 바라보며 하루를 마감한다. 해가 뜨고 지고 하루하루 무심히 살아가는 것 같지만 플라타너스는 대지 위에 더 깊게 뿌리를 내리며 더 튼실하게 속으로 영글어 갈 것이다. 그날의 역사를 하나도 빠짐없이 컴퓨터 하드디스크 같은 나이테에 기록하며 하

루하루의 증인으로 살아가는 것일 게다.

② 지저귀는 카디날의 아름다운 소리에 사슴들도 벌판을 달리다 말고 뒤돌아서서 이곳 플라타너스 나무를 바라보고 한참을 서 있다. 잔칫집에 뭐 얻어먹을 거리 없나 기웃거리는 떠돌이 품바마냥 코요테까지도 슬금슬금 나무 아래로 다가왔다가 인기척에 놀라서 냅다 달아난다. 그래서 이곳 플라타너스는 고독할 시간이 없지 싶다.

③ 둥지를 떠날 준비를 하는 새들처럼 우리 아이들도 그동안 정들었던 이곳을 떠날 준비를 하고 있다. 학위를 마친 사위가 직장을 잡아 이사를 계획하고 있기 때문이다. 청춘을 이곳에서 연구에 몰두하고 사랑스러운 두 딸을 얻고 희망찬 새로운 세상으로 날아갈 일을 생각하면 가슴이 얼마나 벅차오를까. 플라타너스와의 이별도 무척 섭섭할 것이다.

④ 이제 우리 아이들도 이곳 낯선 이국땅 광활한 대지 위에 뿌리를 내릴 것이다. 아는 사람 아무도 없는 이곳에 플라타너스처럼 대지의 주인이 될 것이다.

- 〈플라타너스〉

플라타너스는 우리의 주변에서 흔하게 볼 수 있는 나무이지만 사실은 미국과 캐나다가 원산지인 수입나무다. 우리나라에는 1910

년경 미국에서 들여왔는데, 공해나 매연에 강할 뿐만 아니라 넓은 잎은 방음나무의 역할과 함께 한여름의 따가운 햇볕을 가려주어 사람들의 사랑을 많이 받고 있다.

박영득 작가는 유년 시절, "하늘을 가릴 만큼 큰 플라타너스" 나무와 함께했다. 수십 년이 흐른 후, 미국에 사는 딸의 집을 방문하게 되면서 그곳에서 플라타너스 나무를 만나게 된다. 성인이 되어 만난 플라타너스는 유년 시절에 만난 단순한 "낭만의 나무"가 아니다. 어린 소년이 오랜 세월이 지나 성인이 되고, 노년이 되었듯이 플라타너스도 철없이 놀던 어린 시절의 '낭만의 나무'에서 연륜과 덕성을 겸비한 새로운 의미의 나무로 전이된다. 이러한 의미의 전이는 동일한 사물이라 하더라도 그 경험이 특정한 공간과 시간 안에서 여러 요소의 결합에서 발현된다. 즉 경험이 부족한 유년 시절에는 플라타너스 나무는 낭만적인 쉼터 역할을 하는 게 다였다면 유년과 시공간이 다를 뿐만 아니라 번다한 세상을 통과해 온 지금에 이르러 바라보는 플라타너스는 그 의미가 사뭇 다를 수밖에 없다. 그래서 그 낭만의 나무는 ①의 언술에서와 같이 "그날의 역사를 하나도 빠짐없이 컴퓨터 하드디스크 같은 나이테에 기록하며 하루하루의 증인으로 살아가는" 세상을 지켜보는 파수꾼이기도 하고, ②의 '카디날', '사슴', '코요테'가 있어 "고독할 시간이 없"는 든든한 친구이자, 동반자인 것이다. 또한 ③에서 보여주는 바와 같이 "청춘을 이곳에서 연구에 몰두하고 사랑스러운 두 딸을 얻"을 때까지 묵묵히 지켜준 보호자이기도 하고, ④ 이제 우리 아이들이 이곳 낯선 이국땅 광활한 대지 위에 뿌리를 내릴 '대지의 주인'으로 의미가 전이된다.

박영득 작가에게 플라타너스는 이제 단순히 추억을 회상시키는 자연물이 아니다. 그것은 세상을 살아가는 하나의 통로이자 의지하고 싶은 신목으로 작동한다. 이는 자크브로스가 ≪나무의 신화≫에서 말한 "나무는 사실상 전 우주적 몽상의 가장 적합한 기반인 것 같다. 왜냐하면 나무는 인간의 의식을 포착할 수 있는 길이요, 우주에 생기를 부여하는 생명의 통로이기 때문이다. 나무 앞에서 인간은 꿈을 꾼다. 묵묵히 서 있는 나무줄기에 몸을 기대면 인간은 나무에 동화되어 그 내적인 움직임을 들을 수 있게 된다."라고 한 의미와 그 맥락을 같이한다고 볼 수 있다. 〈조산 느티나무〉 한 편 더 살펴보자.

> 조산 느티나무는 그 수격樹格으로 보아 믿음직했다. 어른 서너 명이 감싸도 닿을까 말까 하는 울퉁불퉁 단단한 근육질로 뭉친 듬직한 밑둥치와 사방팔방으로 용처럼 꿈틀대며 뻗어 나가는 구불구불한 가지들이 그 위용을 자랑했다. 집안에서 일어나는 일 하나하나를 지켜보며 우리 가족을 어떤 어려움에서도 막아주는 수호신 역할을 해주리라는 믿음을 주기에 충분했다. (중략)
>
> 내가 수학여행을 인솔해 간 사이에 어린 세 딸들이 한꺼번에 홍역

을 앓았다. (중략) 그런데 조산 느티나무 아래 사는 덕이었던지 우리 아이들은 모두가 무탈했다. 비록 셋째가 그 후유증으로 폐렴을 앓다가 죽을 고비를 넘기기는 했지만.

가을이면 앞마당에 서 있는 감나무에서 실하고 붉게 익은 감을 따 항아리에 갈무리하며 흐뭇해하던 일들이며, 집안사람들이 모두 느티나무 그늘에 둘러앉아 돌 판에 삼겹살을 구워먹던 모습도 이 나무는 지켜보며 흐뭇해했을 것이다. 그뿐만 아니다. 한밤중에 고양이처럼 살금살금 울타리를 넘어 처녀 선생 방을 기웃거리던 엉큼한 총각 선생도, 뒤뜰 빨랫줄에 걸려있던 여자 속옷을 몰래 훔치려 탱자나무 울타리를 넘어오던 동네 총각들도 이 느티나무는 두 눈 부릅뜨고 지켜보았을 테다. (중략)

이렇게 우리 식구들을 지켜보며 보호해 주는 조산 느티나무를 볼 때마다 나는 듬직한 마음이 들어 출퇴근길에 고개를 숙여 경의를 표했다.

- 〈조산 느티나무〉

우리나라 농촌 지역에 가면 마을 어귀에 어김없이 정자나무가 서 있다. 그 정자나무는 대부분 느티나무다. 당산나무, 정자나무, 고목나무 등으로 불리는 이름에서도 알 수 있듯이 느티나무에는 신성神性이 부여되어 있다. 수령이 1000년이 넘는 나무 가운데 느티나무가 가장 많은 것을 보면, 가히 그럴 만하다. 왜 안 그러겠는

가. 기껏해야 백 년을 살아갈 뿐인 인간에게 천 년이라는 세월은 우리의 인식 너머에 있는 초월적 세계라 할 수 있다.

박영득 수필가는 고유의 느티나무를 하나의 보통명사가 아닌, 신성神性을 담지한 고유명사로 의미를 전이시킨다. 그것은 세상의 온갖 풍파를 다 지켜보고 겪는 동안 신목神木이 된 것이다. 그 신목은 "집안에서 일어나는 일 하나하나를 지켜보며 우리 가족을 어떤 어려움에서도 막아주는 수호신"이고, "우리 아이들을 모두 무탈하게" 지켜주"며, 선량한 마을 사람들의 일거수 일투족을 지켜보며 흐뭇해하고, 행실이 바르지 않은 사람들은 두 눈 부릅뜨고 지켜"보는 파수꾼으로 의미가 전이된다. 이것은 느티나무의 사전적 의미를 규정하는 언술 형태가 아니라 일반적인 문법 세계에 없는 의미론적 자질을 가진 느티나무로 탄생시키는 생태적 상상력에서 기인한다. 그뿐만 아니라 인간과 오랫동안 동행해 온 느티나무의 생애를 통해서 인간이 궁극적으로 귀의해야 할 방향을 환기시킨다. 그것은 앞에서 언급한 플라타너스처럼 우주목이자 세계수世界樹로 둥그렇게 마을을 감싸는 모습으로 새롭게 재탄생하는 것이다.

흔히 느티나무는 모두 지상과 하늘을 매개하는 영매라고 한다. 예전 같으면 마을마다 그걸 당산나무로 지정하여 제사를 올렸던 나무다. 우리 조상들의 생태관인 자연을 생명체로 보는, 즉 생명사상 세계관이 뿌리 깊이 박혀 있는 박영득 작가는 "우리 식구들을 지켜보며 보호해 주는 조산 느티나무를 볼 때마다 나는 듬직한 마음이 들어 출퇴근길에 고개를 숙여 경의를 표"한다.

이 외에도 이러한 생태 의식은 곳곳에서 드러나는데 예컨대 〈자작나무 사랑〉에서도 "지상과 천상의 소리를 이어주는 신성한 눈을 지닌 나무"로 표현하기에 주저하지 않는다. 역시 자크브로스 표현을 빌린다면 우주에 생기를 부여하는 생명의 통로인 나무로 자유와 평화의 통로이자, 지하에서부터 하늘에까지 미친 삶의 영성을 늘 깨닫게 한다는 생태적 의식의 발로라 할 수 있다. 이와 같이 박영득 수필은 자연과의 상생을 추구하는 주제가 작품 전편에 골고루 스며들어 있다. 이는 박영득 수필이 작가의 뚜렷한 생태의식에서 출발하고 있음을 잘 말해 준다고 할 수 있다.

4. 나오며

이제 새로운 21세기의 패러다임은 자연과 인간의 균형과 조화가 중시되는 방향으로 나아가야 할 것이다. 현재 생태문제에 대한 위기감이 고조되면서 그에 문제의식은 어느 정도 인식되어 있지만 이미 그 극에 도달한 인간 내면의 파괴는 여전히 회복하기 어려운 문제로 남아 있다. 이러한 파괴된 인간성을 어떻게 해결할 것인지 생태문학이 해답을 내놓아야 한다. 인간 사고의 전회 없이는 생태 위기가 해결될 수 없기 때문이다.

박영득 작가의 수필에는 우리 조상들의 생태관인 자연을 생명체로 보는, 즉 생명사상 세계관이 뿌리 깊이 박혀 있다. 또 거기에 그치는 것이 아니라 진솔하고 다감한 문체로 이 위기의 시대에 자연과 인간의 관계가 어떠해야 하는지를 되물으며, 어떻게 사는 것이 과연 제대로 사는 것인가에 대한 질문을 던져주고 있다. 그는 특별할 것 없는 생명체, 나무·꽃 등과 같은 일반 자연물에서 공존의 지혜를 보고 자연물의 본래적 의미 차원에서 더 나아가 상생의 의미를 이끌어 낸다. 그래서 이번에 상재한 ≪집게의 꿈≫은 생생한 생태보고서라 해도 과언이 아닐 정도로 생태에 대한 박영득 작가만의 사유 깊은 철학이 편편마다에서 빛을 발한다. 지면 관계상 〈육백이〉, 〈골몰길〉, 〈내 영혼의 종착역〉, 〈애기동백꽃〉, 〈제주 돌담〉, 〈강진만 갈대숲〉 등을 여기에서 다루지 못함은 못내 아쉬움으로 남을 듯하다.

지구는 지금 창밖에서 눈송이 몇 낱을 데리고 겨울의 문턱을 넘어오고 있다. 아름다운 겨울날, 박영득 작가의 작품을 진지하게 읽을 수 있는 호사를 누린 기쁨으로 기꺼이 축배를 든다.

박영득 작가의 더 큰 문학적 보폭을 위하여!

박영득 수필집

집게의 꿈

인쇄 2022년 12월 10일
발행 2022년 12월 15일

지은이 박영득
발행인 서정환
펴낸곳 수필과비평사
주소 서울시 종로구 삼일대로 32길 36(익선동 30-6 운현신화타워) 305호
전화 (02) 3675-3885 (063) 275-4000 · 0484
팩스 (063) 274-3131
이메일 essay321@hanmail.net
출판등록 제300-2013-133호
인쇄·제본 신아출판사

ISBN 979-11-5933-447-4 (03810)
값 13,000 원

Printed in KOREA